▌作者發表論文。

▌與會學者全體合影。

在金閣寺前全體合影。

作者頂禮致敬鑑真和尚塔。

古修道院遺跡。

森林修道院正面。

一九八五年臺北市許水德市長訪問克里夫蘭市建立的中國文化園，除了孔子銅像及一對石獅子之外，都已支離破碎。

作者攝於康乃爾大學學校創始人銅像前。

春夏秋冬

聖嚴法師◎著

自序

近幾年來，我的年歲越來越老，弘化的活動項目及其空間，卻越來越多也越來越廣，我的工作越多，所能支配的時間也越少了。

去（一九九二）年十月九日，從臺北啟程，走訪了歐洲的捷克首都布拉格市，比利時首都布魯塞爾市，到達美國的紐約市，已是十月十九日下午，過了一日兩晚，又趕往美國的中西部及東部，在九天之間，到了七個州，共在九所大學，以及五個華人社團，做了十四場次的演講及佛學座談會。

回到紐約的東初禪寺之後，由於天普大學名教授傅偉勳博士的推薦，要我為他策畫的《當代學人學思歷程》叢書，撰寫一冊自敘傳性質的小書，那套叢書的作者陣容，包括留美學人余英時、杜維明、傅偉勳等，大陸學人湯一介、樂黛雲、嚴家其等，臺灣學人李亦園、徐佳士等，香港學人金耀基、劉述先等，共計十四位，全是知名於國際學術界的大學問家，我是唯一的宗教師，不僅代表佛教界，也代表宗教界，所以縱然忙得無法撰寫，還是在陳果綱仁者不眠不休地協助之下，以兩週的時間，趕出了一冊八萬多字的《聖嚴法師學思歷程》，於十二月中句寄交臺北的正中書局出版。

我在撰寫《聖嚴法師學思歷程》的同時，也著手另一冊遊記，那便是本書《春夏秋冬》，自一九九二年十一月十八日開始，由吳果慕仁者錄稿，經過潤色修飾，由盧果乘及姚果莊等仁者，抄成清稿，已到本（一九九三）年的元月四日上午，當天晚上，我便從紐約趕回了臺北。

本書一共五十八篇，約十萬多字。記述我於一九九二年七月五日至一九九三年元月四日之間的所遇所行及所感。其活動的空間範圍，則包括了臺灣、日本、香港、捷克、比利時、美國中西部及東部，值得記述並也應該介紹的是：

（一）我們的中華佛學研究所，召開了第二屆國際佛學會議，爲臺灣的佛教國際化及學術化，又向前推進了一步。

（二）爲了考察日本佛教的教育設施及寺院建築，組成日本親善訪問團，行程雖僅七天，足跡所至，則有代表現代化的東京都，以及保存著古文化的京都與奈良。特別是回到了我在東京留學時代的母校立正大學，以及訪問了當年居停的小閣樓，勾起我許多的回憶，我曾在那裡，春夏秋冬，年復一年，給我歷練，助我成長，是我養成學業的搖籃，是我增進慧業的道場。也讓我更深切地體驗到，凡是給我生活空間與生存因緣的時段，都有我的搖籃，都是我的道場。

（三）我初次訪問了歐洲的捷克及比利時，那兒是拉丁語系古文化的中繼站，雖在物質條件方面比較落後，歐洲宗教及藝術精神的氣息，則相當濃馥。在那兒可以讓你明白歷史不再回頭，它又能夠讓你品味到現代歐美文化的源流，也是那樣地淳美。

（四）第四度應邀至美國中西部諸州，第三度遊化美國東部諸州，所到之處多係名門學府，有的是故地重遊，有的是初次訪問，由於物換星移，許多地方人事變動，使我頗有訪舊如新、無常迅速之感。

本書的命名，是從本書第十二篇〈造訪我春夏秋冬的道場〉而來，那兒是我從中年時代走出後一半個人歷史的轉捩點，感觸良深。亦是我一生之中最清閒，也極忙碌的階段。在忙中修學佛法，也在忙中讀書寫作，無論春夏，不問秋冬，每年、每季、每月、每日、每時，乃至每一秒鐘，都是那麼珍貴有用。使我在忙中偷閒充實自己，也在忙中偷閒奉獻他人。讓我體會到生命固然可貴，光陰尤足珍惜。本書是我出版了《法源血源》、《佛國之旅》、《金山有鑛》、《火宅清涼》、《東西南北》之後的第六冊遊記。本書的原稿自紐約帶回臺北，交給東初出版社，已經整整三個月，在見正法師及陳果昱仁者的襄助之下，早已編校成書，爲了先給《法鼓雜誌》連載，也因等待我寫自序，所以尚未出版。

可是這次我從國外回來之後，一出桃園國際機場，便開始了非常緊密的活動日程，內內外外地忙著開會、演講、指導禪修、規畫法鼓山文教基金會的各項制度、主導農禪寺四眾弟子的修學及弘化，推展中華佛學研究所的教務及行政，忙著我見人、人看我，不僅日日有會議，最多一日之中主持五場會議，處理十多項事務。這趟回國的三個月中，在報紙的媒體出現率，平均三、兩天，即有一次，在臺視、中視、華視三家電視臺，竟給了我二十三次介紹及播映的機會。當然，我也天天忙著害病，傷風感冒、腸胃失衡、頭暈目眩、四肢痠軟，故也餐餐服藥，常常打針，爲我治療的中西醫生多達七位。因此有人戲稱我是四多法師：多忙、多病、多產、多新聞。其實在這期間，忙得我連爲本書寫序的時間都沒有，那還能算多產作家。

四月六日中午，法鼓山有一個三千人參加的「整地前灑淨大悲法會」。四月七日，我要去接受「吳尊賢文教公益基金會」的全國「愛心獎」受獎典禮。四月八日一早，便將陪同法鼓山四眾弟子組成的「大陸佛教聖跡巡禮團」一百一十三人，由臺北搭飛機，經香港，進入中國大陸的雲南、四川、西藏，做十八天的佛教古寺訪問。我便不得不於凌晨三點起床，趕寫完這一篇序文。

一九九三年四月六日清晨，聖嚴自序於臺北北投農禪寺

目錄

一、第二屆中華國際佛學會議

一九九二年七月三日，我在美國紐約打完了第五十七次禪七，當晚就乘華航班機，飛返臺灣。於七月五日星期日的清晨六點五十分，準時降落臺灣桃園中正國際機場。

出了海關，就有一百多位僧俗弟子、同道朋友向我招手迎接。這麼早他們就到了機場，而且是從臺北各地趕來，相信他們至少少睡了兩、三小時，眞是過意不去。然後坐上了戚肩時將軍的轎車，那是兩星期前就預先安排好的，他必須立即向我報告有關第二屆中華國際佛學會議的籌備概況，並且向我請示若干立即要解決的問題。

戚肩時中將在王昇將軍任總政戰部主任時，他是總政戰部的副主任，後又擔任聯勤司令部福利總署署長，是一位非常優秀的軍事幕僚長。當他退休之後，曾被味全公司黃烈火先生聘爲高級顧問，三年前由胡秀卿醫師把他介紹到農禪寺，皈依了三寶。二年前我就請他擔任中華佛學研究所秘書長的職務。他爲本所各項制度的策畫及檔案的建立，貢獻了許多的心力。從去（一九九一）年夏天開始，本所召集第二屆中華國際佛學會議的第一次籌備會中，受我的委託，負起總策畫人的重要任務。由於會議工作外文人才方面的需要，他也建議我們聘請了《慧炬》雜誌社的負責人鄭振煌教授爲副總策畫人。因此只有原則和政策性的問題，需要我來思考之外，其他的事，我就不用管了。

▲戚肩時將軍。

這次的會議都虧有了戚將軍和鄭教授兩人的推動。這也因爲我們已經在一九九〇年有過第一次舉辦會議的經驗，那是游祥洲博士擔任總策畫人所留下的寶貴資料所致。故在籌備過程中乃至會議結束後，大家還對游博士心存感激。當然，這兩次學術會議的圓滿成功，尚有許多人的辛勞。

戚將軍向我所做的報告，是叫我放心，開會的場地和住宿的旅館，都是在臺北的圓山大飯店。

原先最大的難題是飲食的供給，因爲圓山飯店沒有連續供應幾天素食的經驗。說得明顯一點，他們只能提供一天的素食菜譜，結果他們的經理，答應願意在三天中試著來辦兩到三餐的正式素筵，其餘則由農禪寺的廚房提供。

其次的難題，是沒有辦法掌握與會學者們從頭到尾都能參與會議活動，擔心有些國外的學者，趁著出席會議的機會，到臺灣做觀光旅遊，只有輪到他們發表論文的時段，才會在會場出現，其他時間都不容易找到他們。我們花了相當龐大的心力、人力、財力邀請這些國際學者，除了招待食宿與機票之外，還贈送論文發表費。如果在會議期間，沒有意願全程參與聽講或討論，縱然篇篇論文都精彩，也是一次失敗的會議。要用什麼樣的辦法，能夠吸引學者們留在會場，這是需要我來考慮的問題。

▲鄭振煌教授。

另外，在會議期間有三個晚

上，大會的秘書處都安排了精彩而有意義的活動，除了第一晚的歡迎宴和最後一晚的送別宴，學者們可能大部分會參加之外，中間有一個晚上的分組討論，以及會後的參觀法鼓山及故宮博物院，都難有把握學者們都能參加。也希望我能有所指示。

當時，我因坐了十六個小時的飛機，身心相當疲乏，頭腦反應遲鈍，只聽到他叫我放心，其他關於指示的事，我雖聽進去，卻未立做決定。不過我相信經過謹慎考慮選擇邀請的國際學者，絕不會是爲觀光旅遊而來，再加上我們誠懇和周延的服務態度，以及論文焦點的突出性，不至於只見臺上發表論文的人，不見臺下出席聽講和參與討論的人。我倒是擔心發表會的場地太小，能容納的聽眾太少，有許多在國內關心佛教學術動態的教內外學者們，無法受到邀請、列席旁聽，倒是遺憾的事。

當我回國之後，主要的工作重心，當然是爲了第二屆的中華國際佛學會議，已經進入緊鑼密鼓的階段，此外也要主持幾場演講以及各種不同性質的會議。

例如：七月的八、九、十日的三個晚上，在農禪寺講《法華經》，每晚都有一千兩百位聽眾，這是農禪寺有史以來聽眾最多的一次講座，講經圓滿的當晚，有四百多人皈依。

十一日晚上，則應省政府的邀請，在臺北縣板橋市的縣立文化中心，演講「自利利他」，由省新聞處處長羅森棟先生主持。在這場演講之後，羅森棟先生夫婦也來農禪寺皈依了三寶。

七月十二日星期天上午，在農禪寺續講《六祖壇經》，會後也有三百多人皈依三寶。

這次的中華國際佛學會議，受到國內外的普遍重視，協辦單位有：日本的立正大學、佛教大學，泰國的法身基金會，美國的夏威夷大學、密西根大學，以及法鼓山文教基金會。贊助單位有：教育部、行政院文化建設委員會、太平洋基金會。在開幕那天，與會學者達一百五十人，農禪寺關係的護法居士一百多人。

李總統登輝先生，特爲大會頒發賀詞。貴賓悟明長老，及現任監察委員兼中國國民黨中央社工會主委鍾榮吉先生、文建會副主委張植珊先生，也均上臺致了賀詞。

二、二十六篇論文

這次論文的主題是由第一屆會議閉幕典禮的討論會中所決議的：「傳統戒律與現代世界」。一共請到三十位佛教學者，提出了二十六篇精彩精闢的論文，他們分別來自美國、英國、比利時、捷克、德國、法國、丹麥、加拿大、日本、泰國及地主的中華民國。

現在根據「論文提要集」所列發表的次第，介紹論文學者的名單如下：

學者姓名	國籍	所屬學術單位	發表論文主題
聖嚴法師	中華民國	中華佛學研究所	從「三聚淨戒」論菩薩戒的時空適應
慧嚴法師	中華民國	中華佛學研究所	四根本性戒的精神所在
惠敏法師	中華民國	中華佛學研究所	戒律與禪定
曹仕邦博士	中華民國	中華佛學研究所	從歷史文化背景看佛教戒律在華消沉的原因
三友健容博士	日本	立正大學	末法無戒論

山極伸之教授	日本	佛教大學	律藏資料於印度佛教研究中的重要性
佐藤達玄博士	日本	駒澤大學	道宣及戒律
坪井俊映博士	日本	佛教大學	有關戒與現代思想的各項問題
Prof. Roongraung Boonyoros 龍格讓教授	泰國	清邁大學	Householders and the Five Precepts 在家人與五戒
Dr. Chaiyong Brahamwong 查揚博士	泰國	Dhammakaya Foundation 泰國法身基金會	Application of Buddhist Principles to Administrative Arts 佛教原理在管理藝術上的應用
Dr. John H. Crook 庫魯克博士	英國	Univ. of Bristol, England 布利斯大學	Preceptual Truth and Western Psychology 戒律的眞理與西方心理學
Dr. T. Griffith Foulk 福克博士	美國	密西根大學	The Legacy of Vinaya in Modern Japanese Zen 現代日本禪宗的戒律承傳
傅偉勳博士	美國	天普大學	大小兼受戒、單受菩薩戒與無戒之戒——中日佛教戒律觀的評較考察

Dr. Luis O. Gomez 葛梅茲博士	美國	密西根大學	凸顯「律」的意義
Dr. Paul Groner 格羅諾博士	美國	維吉尼亞大學	中世紀日本比丘尼僧團的重建
Dr. John Clifford Holt 霍爾特博士	美國	鮑杜因大學	佛教戒律的開始——一個早期佛教的行動理論
Dr. Kenneth K. Inada 稻田龜男博士	美國	State Univ. of New York at Buffalo 紐約州立大學	Buddhist Precepts and the Scientific Challenge 佛教戒律與科學的挑戰
Dr. Chatsumarn Kabilsingh 柴斯瑪博士	泰國	達瑪薩大學	佛教女性出家問題
Ven. Karma Lekshe Tsomo 卡瑪・雷謝・卓莫法師	美國	夏威夷大學	日本及西藏的佛教倫理——菩薩戒及波羅提木叉戒適用的比較研究
Dr. Donald S. Lapez. Jr. 羅培士博士	美國	密西根大學	西藏懺悔儀軌

Ven. Mettanando 梅達難陀法師	泰國	法身基金會	死亡——最後的挑戰
Dr. Koichi Shinohara 篠原亨一博士	加拿大	麥克馬斯特大學	中世紀中國僧傳中的佛教戒律
Dr. Sandra A. Wawrytko 華珊嘉博士	美國	聖地牙哥州立大學	早期僧伽的女性歧視——其社會基礎與哲理性解決
Dr. Daniel B. Stevenson 史蒂文生博士	美國	密西根大學	宋代天臺的寺院制度
Dr. Robert E. Buswell, Jr. 巴斯威爾博士	美國	加州大學洛杉磯校區	日本殖民時代的韓國佛教維新運動——試論現代戒律的適用原則
Dr. Charles Willemen 威勒曼博士	比利時	根特大學	兩部早期《譬喻經》中的戒律

以上二十六篇論文，來自七個國家的學者，以美國出席的人數最多，其中日本的三友健容及坪井俊映兩位博士，因爲臨時有急事，未能親自出席，而由他人

代讀。其他的學者除了宣讀他們自己的論文，並且也都參加了全程論文發表的聽講和研討。

由於這次會議中的各篇論文，早在三個月以前，最慢一個月以前，就寄到了每位出席學者的手上，故在進入會場以前，已經知道每篇論文的內容及其重點和問題所在，所以每篇論文的宣讀，只佔二十分鐘，大家討論也佔二十分鐘。會場氣氛非常熱烈，我們預先擔心學者們會在會議期間外出觀光的情況，並沒有發生；就是在七月十九日晚上，分成二組進行自由討論時，參加的學者也非常踴躍。

三、應邀而來的佛教學者

▲稻田龜男博士與葛梅茲博士。

我們遴選的這些學者，除了中華佛學研究所的四位，是由本所決定之外，其他都由四個國外的協辦大學向主辦的本所推薦而來。對那些被推薦的學者，我們也不是照單全收，經過我們委員會對於資格及背景的審查之後，才做成決定。譬如：有一位女性學者，因她不具備高級的學位，也沒有擔任過學術機構的職務，雖然她曾參加過其他的國際會議，我們卻沒有接受。

有人問我：爲什麼地主國發表論文的人數這麼少？其原因有三：1.在國內研究戒律的專家不多。2.我們希望多引進國際先進學者們的經驗和觀念，使得本所以及國內的年輕學者們，不必出國就能夠呼吸到現代國際的學術空氣，並且親近到目前國際佛學界著名的學者。不是要表現我們中華民國的研究成果與學識力量，而是要助長我國的佛教學術氣氛和水準。3.近代以來，中國佛教界缺少精通國際語文的人才，無論是信仰的和研究的活動，都還沒有受到國際的重視，我們把國際的學者們請來，使他們瞭解我們正在做什麼？即將做什麼？然後把這個訊息帶回到他們自己的國家，也等於像馬可波羅來到中國，而把中華文化帶回到歐洲一樣，這是向外傳播佛法最經濟有效的一種方法。

　　這次前來發表論文的學者，都是國際佛教學術界舉足輕重的人士，其中有

▲與會學者全體合影。

二位堪稱世界重量級的大師。一位是美國紐約州立大學的稻田龜男博士，目前已經退休，是該校的榮譽教授，他曾得到過好多榮譽獎，最近一次是兩年前日本的傳道協會頒發的「學術優良獎」，爲我們出力最多的傅偉勳博士，就是出於他的門下。傅博士也指導出來好幾位博士，其中之一，也出席了這次的會議，故被傳爲美談，喻作「三代同堂」的佳話。

另外一位是密西根大學的葛梅茲博士，今（一九九二）年才五十歲，二十二歲時就獲得哈佛大學的哲學博士，兩年前又完成了密西根大學的心理學博士，他能通達二十多種語文，這是在國際佛教學界，於狄庸博士之後，尚未有第三個人能對於佛教和語文如此精通與博學的人哩。原先他在史丹福大學任教，被密西根大學重金禮聘來主持佛學研究計畫。他對這次會議的召開，做了許多的建議，特別是在人選、主題、論文的內容方面，一再向我建言，希望能有一次眞夠水準的國際學術會議。否則他不願意親自出席。當我們將全部邀請的學者名單，給他過目之後，他才決定帶著密大的其他三位學者，同時出席了這次會議。他不僅在開幕典禮中發表精彩紮實的主題演說，同時也宣讀了一篇內容相當豐碩的論文。他的主題演說，談「戒與持戒」，已是長達萬言的一篇專論。他引用了許多西方哲學家對佛教所持的觀點，所以非常深入。專家的論文只有專家聽，高水準的論文只有高水準的人懂。就是稻田龜男博士的那篇論文，也是非常深奧難懂。雖然對於我們國內來講，他們運用的西方資料，嫌高深了一點，對於國內學術風氣和學術標準的鼓勵，還是有用。我們中國人不是不能瞭解高深的佛學，而是如何把佛學通過西方哲學和現代科學，再引導西方哲學和現代科學，百尺竿頭，更上一層。若要用佛學影響現代社會和現代思想，類似稻田龜男博士及葛梅茲博士所做的工作，值得鼓舞。我們國內雖然起步得遲，但當接觸到了這些大師級的人物之後，當可以溫故知新，急起直追了。

本來另外還有一位世界重量級的佛教學者，預定出席這次的會議，那就是日本東京大學現已退休的平川彰博士，他被認為是今日世界佛教學者之中，研究戒律學最有成績、貢獻最多的人；他是一位博學之士，可惜到了會議前的一個月，突然意外地摔了一跤，跌成重傷，以致臨時取消了這次的臺灣之行，令人感到非常遺憾。

四、我寫「三聚淨戒」

至於我自己的論文，〈從「三聚淨戒」論菩薩戒的時空適應〉，今（一九九二）春在美國寫了半個月，連「註」共約兩萬五千字，接著請哈佛大學的J. C. Cleary博士翻成英文，也花了半個月的時間，他說我雖然用的是現代語，看來容易，但是學術性的專有名詞太多，尤其是有關戒律的術語、人名、書名等，多半不曾有人把它們翻成過英文，所以沒有前例可援，使他費了不少心血，但在會場中，使得與會的國際學者便利不少。

我這篇論文的主題「三聚淨戒」也比較特殊，近世在國內固然從未有人加以討論，就是國際學者也少有人做過專題論文，雖然研究戒律的人，都知道「三聚淨戒」是什麼，那僅僅是三句話：攝律儀戒、攝善法戒、饒益有情戒。可是它在菩薩戒中的演變過程，以及所涵攝的層面和內容，清楚的人確實不多；特別是「三聚淨戒」對於今日世界的現代社會，有多大的重要性，知道的人很少，這應該就是我要提出這篇論文的原因所在。

我把那篇論文分成九節：1.佛戒的起源，2.菩薩戒的重點及其人間性，3.由約

▲作者發表論文。

而繁的菩薩戒，4.彈性的三聚淨戒，5.涵攝的三聚淨戒，6.既難且易的三聚淨戒，7.由易而難的三聚淨戒，8.有收有放的三聚淨戒，9.結論。

我在結論中，有如下的一段話，可以說明我寫這篇論文的目的所在：「從本文的介紹和探討，已知三聚淨戒的繁簡舒卷及有收有放的情況，是隨著時代及環境的遷移而出現了多姿多樣的變化，有著相當廣闊靈活的空間。誰若能夠掌握了止惡、修善、利生的三大原則，站在發菩提心並堅持正見的基礎上，就可以發揮因時制宜、因地制宜的效果。」

二十分鐘的發表時間，當然不能允許我把這篇論文全文宣讀。但是學者們的手上，都有了中、英文兩份稿本，而且都已看過，我要藉此機會，向諸位行家請教；同時也盼借重這次學術會議的權威性，來確定我這篇論文的論點和資料的正確性，以便我要推動並鼓勵今後菩薩戒的傳受，當以三聚淨戒爲基準，這是我要發表這篇論文的用心。

我這篇論文的另一特色，是引用了藏傳的資料，例如：月稱的《入中論》、寂天的《入菩薩行》、彌勒的《現觀莊嚴論》、阿底峽的《菩提道燈論》、宗喀巴的《菩提道次第廣論》。同時也討論了有關日本佛教的圓頓菩薩戒。這在我的著作之中，乃是第一次嘗試。那也是因爲今後的佛教，應該是世界一體，中國佛教不能無視藏傳及日本佛教，必定有其共同性，始能可大可久。從菩薩戒來講，藏傳的佛教，並沒有梵網菩薩戒，卻有三聚淨戒，所以我這一篇文章，應該是具有時代性和世界性的。

五、會場外的活動・五大特色

在發表論文的會場之外，也有值得記錄的幾項活動。

第一，當臺北的故宮博物院院長秦孝儀先生，知道我們要召開第二屆中華國際佛學會議之後，特於三月七日中午，和味全老董事長黃烈火先生，由戚肩時將軍陪同，連袂來農禪寺訪問，主動向我提出建議：二年前第一屆中華國際佛學會議舉辦之時，故宮曾經配合展出佛教的稀珍文物，這次還願意配合在我們會議前後一月間，第二度展出另一批佛教的珍貴文物，包括：觀音名畫、歷代佛經、法器、佛像等。觀音名畫依唐宋元明清年代的順序排列展出，有唐的范瓊，宋的賈師古、蘇漢臣，元的趙奕，明的仇英、邵彌、吳彬、邢慈靜、陳洪綬，清的陳書、馮翊等名家作品。歷代佛經包括寫本、刊本、刺繡本、緙絲本。寫本之中，有用泥金和泥銀所寫的。法器以藏傳的密教所用者爲主，是屬於明末至盛清時代的遺物。佛像包括渤海國的佛像，是屬於西元第七至第十世紀的作品；以及清末中國南方沿海地區製作的金漆佛像，例如：雕木髹漆及福建的脫胎，俗稱脫紗，漆藝十分精美。

▲與會學者參觀故宮博物院與秦孝儀院長合影。

可見秦孝儀院長對本所主辦的國際學術會議，相當重視。我們還記得先總統蔣公謝世之時，由他執筆所寫的蔣總統遺囑，其內容充滿了基督教的色彩，一時間受到許多人的指責，當時我還以爲秦院長一定也是一位虔誠的基督徒，在這兩年多來，經過幾度的接觸交談，發現他是一位不折不扣飽讀中國經史等古書的儒學之士。對宗教來講，他自己說也讀了不少的佛經，毋寧說他是一位以儒家爲本位的佛教徒。

第二，在農禪寺舉行的歡宴晚會及惜別晚宴，都有代表著中國傳統文化的演藝節目：有國樂團各種樂器的獨奏、合奏，以及代表臺灣民間藝術的布袋戲演出。雖然這些都是從幾個大學的音樂系及戲劇系

▲學者們拿著布偶練習布袋戲。

▲農禪寺常住大衆的閩南語合唱。

請來的青年學生，但是演出的水準都很高，特別是布袋戲的說明，是由他們的團長用英語表達，使得與會學者，眾口交讚，並且在演完之後也讓學者們拿著布偶練習。我所寫的「四眾佛子共勉語」，那段時間剛由楊秉忠教授譜成樂曲，第一次在晚會中公開演奏和演唱，演出的人員包括：陳哲鴻的胡琴、魏德楝的古箏、陳焜晉的洞簫、邱君慧的木魚和引磬、名播音員白銀女士的國語朗誦及獨唱、農禪寺二十位常住大眾的閩南語合唱、果勝師的閩南語朗誦，曲調優美，極富宗教氣氛。因爲當場都有英文說明，且對全體學者用英語教唱。這眞是一個別開生面的同樂會。

第三，會議結束的次日，即是七月二十一日上午，全體到法鼓山種植菩提樹苗，每一位學者都種一棵樹苗，在樹苗之前插一塊木板寫著種樹人的姓名，等到樹木長好之後，會把那些種樹者的姓名，換刻在每棵樹下的石頭上，百年之後，還會讓人懷念出席第二屆中華國際佛學會議的學者們。

種完樹後，在山上的七棵古樹雀榕蔭下，用了精美的便當盒野餐，就趕往士林的故宮博物院，去欣賞佛教文物的特展。我們受到秦孝儀院長懇切的親自接待和詳細說明，並且還有精美茶點招待，對我們如此隆重的禮遇和招待，相信在故宮博物院來說，一年之中不會有太多次的。

在閉幕典禮之前，由稻田龜男、傅偉勳、葛梅茲、柴斯瑪和我，共同主持了綜合討論會，將整個二十六篇論文做了歸納，分類似的總結報告，同時也討論出了第三屆的會議，將以「出家道與在家道」為主題。

會議的閉幕典禮上，由國防部長陳履安居士致詞和恭賀，也讓與會學者聽到了陳部長自己學佛的歷程和感想。中廣公司的現任董事長關中和立法委員丁守中，也來為我們祝賀，因為時間關係，沒有請他們上臺致詞。

根據《法鼓雜誌》第三十二期的報導，稱這次的中華國際佛學會

▲學者們到法鼓山種植菩提樹苗。

議，具有五大特色：1.論文的內容涵蓋全世界的佛教。2.論文的思想脈絡具有源遠流長的歷史意義。3.國內佛教界有兩位比丘及兩位比丘尼，分別從日本和美國獲得了博士學位，都出席了這次會議。其中提出論文的，有惠敏、慧嚴和我本人，且是出身於日本的三所大學。擔任中文組主持人的恆清法師，是美國威斯康辛大學的哲學博士。像這種盛況，若在二十年前的國內佛教界，做夢也不可能想得到。4.佛教教育的積極參與。來自國內各地佛學院及佛學研究所的學生、出家眾將近四十位，使得會場充滿了聽講、發問、研討的學術空氣。5.完成了宗教的交流。在與會的學者及貴賓之中，有許多位是天主教神父，他們來自國內與國外，也有來自國內外基督教的牧師，他們關心佛教研究的熱忱，也不亞於我們佛教界的學者。我也希望，佛教界的學者們，也能對於其他宗教的研究，付出關心的熱忱。

▲閉幕典禮上國防部長陳履安居士致詞。

六、臺灣英文雜誌社

七月二十一日下午，我在訪問故宮博物院之後，便送走了參加學術會議的學者群。

七月二十二日星期三上午七點，我率領了農禪寺、中華佛學研究所，以及法鼓山護法會的幹部和主要義工六十多人，去臺北縣的三峽鎮，訪問了臺灣英文雜誌社的幹部訓練中心。那是一家專門發行及推銷國內外暢銷讀物雜誌的代理公司，目前有直屬的推銷員兩千人，受薪的員工五百人，年度的銷售量是一百萬冊，所以在臺灣的新聞出版界，僅次於《中國時報》和《聯合報》，推銷量居第三位。

這家簡稱爲「臺英社」的負責人陳嘉男居士及其夫人陳美智居士，是我們法鼓山的榮譽董事。因爲我們法鼓山的護法會是在沒有預備工作及預備心理的情況下組織起來的，所以很想知道「臺英社」經營成功的運作情況。好的經營必定有好的幹部，好的幹部必定有好的教育與訓練。我相信我們法鼓山必定可以從「臺英社」學到寶貴的經驗。

他們準備得非常周到：用幻燈片、圖說、錄影帶，以及黃世棧經理的解說示範。我們在那兒度過了整整一天，最後陳嘉男居士告訴我五點他的經驗論：第一，常常訓練幹部們自己說：「不行重來」。第二，要除三毒：「馬馬虎虎」、「沒有問題」、「差不多嘛」。第三，統一理念，統一權威，常常提醒大家：「總經理說」、「董事長說」的四字訣。第四，僅用可塑的青年，不用跳槽的人員。第五，講究知的層次和知的時段。這五點陳居士的經驗談，對於一個穩定的公司，的確很實際，對於一個剛成立的機構，可能是不易全部做得到的。

這個訓練中心佔地三甲多，被整頓成山區中的一座花園。該中心設有一位總負責人，那便是經理黃世棧先生，因他高頭大馬，聲若洪鐘，講話時很像一位司令官，他就是策畫和主持訓練課程的總教官。從他們錄影帶的介紹和理念的闡述，可以知道他們是學習了日本各大企業和商社訓練新進員工所謂的魔鬼營方式，加以改良、補充，而成爲「臺英社」自己所需的訓練內容和項目。

受訓的員工，有男、有女，也有層次，有的是爲了新進推銷員的培養，有些是爲了幹部的成長，有的是爲了達成某一項目標而召集的特別訓練。在受訓期間，比軍隊還要嚴格，對於效果的要求是百分之百。學員之中，有人如果不能通過考試，他會痛哭流涕，不斷的要求自己「不行重來」，萬一實在不行，只有等待下次訓練時再重來，但是據說，這種例子並不多。

其實日本所謂魔鬼訓練營的開創者，是模仿武士道精神，最先則是模仿禪宗寺院禪師鍛鍊禪眾的手段。不過，武士道是爲了效忠於他們的主人而賣命，現在的所謂魔鬼訓練營，是爲了達成他們對於工商業所要求的目標而磨鍊，這和禪宗要求禪眾放下自我而用鉗槌逼拶，目的不同。禪宗的目的是要使得禪者通身放下，不但放下身外物，也要放下身體，連身內的心也要放下，那才能見到打成一片、無內無外、無我、無人、也無眾生的風光。所以陳嘉男居士跟我講：「師父，我們不能講無我，也不能講沒有目的。」我說：「是的，禪坐是講心法，在於把心練到其大無外，其小無內。你們的訓練是在於練出他們的信心、決心、意志，這也是禪的訓練的基礎工夫。」因爲修行禪法的人，如果不能開悟，至少也能練出決心和毅力來，心量也會更加寬大一些。不過該訓練中心的管理觀念和訓練技巧，使我學得很多，對我及法鼓山的萬行菩薩們，都是有用的。

七、日本訪問團的組成

我在一九七五年春天，完成了博士學位，當年的十二月十日離開東京，去了美國。嗣後經過八年，在一九八三年的八月底至九月初，爲了出席「第三十一次國際亞洲及北非人文科學聯合會議」，再度回到了日本東京。

那次，因爲我是「國際佛教學會」的創始會員之一，故也準備了一篇論文在會中發表，題目是「明末的禪宗人物及其思想」。

那次，因爲每天忙著開會，同時又要於八月三日趕回臺北，爲農禪寺新塑的西方三聖像主持開光典禮，和給兩位弟子舉行剃度儀式，所以沒有在東京多做盤桓。

到了今（一九九二）年的八月四日至十日，又才正式的做了一趟舊地重遊的日本訪問之行。距離上一次到日本，一眨眼間又過了九年。

這次訪問日本的緣起，是因我去（一九九一）年率領了一個專業性的建設考察團，訪問了中國大陸的古寺建築，事後我也寫了一本遊記《火宅清涼》。由於日本的奈良和京都的古寺院，都保持著中國唐宋以及元明時代的風格，我在十六年前留學時代所見日本古寺院，於建築風格和空間布局，都使我印象良深。所以計畫著帶領法鼓山的建築師、遷建委員會的正副主任委員、佛學研究所的兩位教授，以及農禪寺的監院和幾位重要幹部，抽出時間，到東京和京都走一趟。

然而，這次訪問，又是多目標的，除了是為法鼓山的建築求參考，也為中華佛學研究所跟日本建立合作交流關係的兩所姊妹大學，做答聘的訪問。因為一九八九年十月十五日，京都的佛教大學，派了他們的佛教文化研究所所長坪井俊映博士，來到臺灣的北投，跟我們的中華佛學研究所簽訂合作交流的契約。一九九一年元月十二日，東京的立正大學，也派他們佛教學部部長三友健容博士，來到本所，簽訂合作的契約。而該兩所日本佛教界所辦的大學，已經數度請我前往訪問和演講，我總是找不到時間，這次訪問，正好可以了達這樁心願。

這趟定名為「法鼓山中華佛學研究所日本友好訪問團」的成員，原先有預定者共十二位，能夠成行的則是十位，現在把名單介紹如下：

團長：聖嚴法師——中華佛學研究所創辦人及法鼓山文教基金會董事長。

東京領隊：惠敏法師——中華佛學研究所副研究員。

京都領隊：慧嚴法師——中華佛學研究所副研究員。

秘書：果鏡法師——法鼓山農禪寺監院。

團員：方甯書教授——中華佛學研究所代所長。
李志夫教授——中華佛學研究所名譽教授。
楊正居士——中華佛學研究所遷建工程委員會主任委員。
施建昌居士——中華佛學研究所遷建工程委員會副主任委員。
陳柏森建築師——中華佛學研究所遷建工程設計建築師。
總務：廖雲蓮居士——法鼓山文教基金會機要秘書。

以上的人員之中，只有惠敏、慧嚴兩位法師以及方甯書教授、李志夫教授等四人，沒有跟我出國訪問過，其他的都曾一同訪問過印度或中國大陸，像施建昌、廖雲蓮，這已是跟我三度出國，而果鏡師、楊正和陳柏森，也是第二度同行。由於惠敏法師今年春天才從日本東京大學完成博士學位，慧嚴法師兩年前於日本京都的佛教大學獲得博士學位，現在又同是中華佛學研究所的老師，所以這次的訪問，東京方面要靠惠敏法師的聯繫和照顧，京都方面則賴慧嚴法師的策畫聯絡及安排，這次的訪問，得以順利的成行，他們二人的辛勞，乃其主因之一。

方甯書教授，是我接掌中華佛教文化館館務，以及創立中華佛學研究所的佛教教育事業以來，受我依靠良多的善知識，他是我先師東初老人（西元一九〇七——一九七七年）得力的在家弟子，在近十六、七年之間，他辭去了教書的工作，幾乎是以他的全部心力來護持我所推動的各項佛教事業。他忠誠、率直，而又不露鋒芒，是一位儒者君子，也是一位佛教的菩薩。

李志夫教授是在我同輩年齡中的另一位善友。自從我於一九七八年受聘為中國文化學院哲學研究所的教授，以及擔任該院附屬中華學術院佛學研究所所長以來，由於他願屈就擔任該所的行政及教務工作，我才敢於答應下來。然後在一九八五年於臺北北投創立中華佛學研究所之後，也曾請他出任副所長及教務長的工作。他對於我所推動的佛教教育事業相助極多。有了他的任勞任怨，風雨無阻，對同學們的照顧，對所務方針的維繫，我才能兼做其他弘化工作。

這次訪問，既有回顧性，也具前瞻性。例如惠敏及慧嚴二位法師，回到本所，必能為本所開展未來，當受我們倚重。因為到目前為止，國內佛教界的出家眾之中，在國內外獲得博士學位的只有六位，除了我自己之外，其中的印順長老（西元一九〇六年—）已經八十六歲高齡；本籍越南而歸化中華民國的淨行法師，在臺灣師範大學完成博士學位後，自創靈山佛學研究所；完成博士學位於美國威斯康辛大學的恆清法師，則受託於如學長老尼，創辦法光佛教文化研究所。目前若希望他們三位對本所全力襄助是有困難的。另外的慧嚴法師及惠敏法師則已在本所了。慧嚴曾在高雄壽山佛學院聽過我的課，但她親近先師東老人的時間更久，並受東老人遺囑，指定爲組成中華佛教文化館的董事之一，目前也是我們中華佛學研究所的董事。惠敏是智諭法師的剃度弟子，是中華佛學研究所的前身（中華學術院佛學研究所）的第二屆研究生，當時他們同班的八位同學在三年內都很穩定，而且向學及向道的精神都非常旺盛，畢業之後有二位同學因此而出家爲比丘，跟惠敏法師也不無關係。我擔任他們中觀與唯識的課程教授，涉及梵文、藏文、英文等參考文獻之處，多虧惠敏幫助我找參考資料，使我省力不少，同學們得力很多。當他去日本留學的六年時段之中，也非常關心本所的學風、課程、老師。同時也代本所不斷的購買日本佛教學界新版及再版的各種新書。當他今年完成最高學位之後，就被本所聘請擔任研究及教學的工作，除了教書之外，還擔任對於同學們的適時輔導。本所不希望是我國唯一的佛學研究所，但卻希望是能有持久性、將來性的高級佛教教育機構，配合時代環境的需要來培養各種專長的人才。而我自己年事越高，體力越衰，必須要有後起之秀來共同努力。

這次日本之行是希望通過我們訪問團中每一位成員的考察心得，將他們的所見、所聞、所思，匯集成爲建設法鼓山的智慧，從軟體到硬體，從教育設施到建築工程，從教育理念到行政經驗，並且以寺院的佛教，發展成爲全面教育的佛教，所以這趟的日本之行，不是觀光旅遊，而是天天上課，處處學習，以致每一位團員都感到任務重大，他們是爲了建設法鼓山成爲世界佛教教育文化及修行的園區，而赴日本尋寶挖寶。

八、臺北到東京

八月四日，星期二。

我們這趟旅行，跟東京的立正大學和京都的佛教大學，以函電往返，討論日程和行程，花了將近一年的時間，結果由於我的時間無法排在日本各大學上課的學期階段，因此而使預定邀請我做的演講活動，都無法如願。

這次的旅行，在機票、車票的訂購以及飲食、旅館的預約方面，是由農禪寺的信徒蘇妧玲免費代辦。因爲她對日本的情況不太熟悉，屆時我們在東京下機之後，能否找到接機的車輛，以及預訂的銀座第一飯店是否會給予妥善的接待，她都不敢放心，所以也親自陪同我們到東京走了一趟。

八月四日下午一點十五分，我們搭上長榮航空的班機，於東京當地時間下午五點十五分抵達成田機場。

曾有好幾位團員，建議我坐頭等客艙或者至少應該是商務客艙，我卻覺得飛行的時間不長，而且隨行的人員不多，要就全體坐商務艙，要不就全坐經濟艙。結果大家爲了惜福，都尊重我的意見坐了經濟艙。

可是我們所帶的行李，個人的雖然不多，團體的卻不少，特別是要帶去贈送兩所大學的仿古瓷大花瓶，雖不太重，裝箱後的體積則很大，又不便寄艙托運，以免被搬運人員打破，只得把大錦盒和花瓶，分開包裝，錦盒托運，花瓶手提。花瓶雖說不重，提著走還是不輕，體積又大，上下飛機煞費周章，辛苦了兩位團員。

日本跟我國沒有邦交，這次我們經過日本移民局海關時，雖然帶了大批的行李，但當知道我們是臺灣來的佛教友好訪問團後，就顯得非常友善，既免了查，也沒有問，僅在我們的證件上蓋了章就通過。

但是，出了機場大廈，迎接我們的車輛，是一部小型的私家轎車以及一輛客貨兩用的小巴士。連人帶行李，雖然擠了一些，還是把我們送到了目的地。

經過一個多小時的車程，到達東京銀座第一大飯店。一路上雖然無人抱怨，我心中卻覺得過意不去，故向蘇妧玲探聽：我們付了錢，爲什麼坐這樣的車？她告訴我說：本來是安排一輛二十一人坐的中型巴士，連續三天跟著我們，可是發現問題很多：第一，要的價碼是天文數字；第二，上班及下班的時間之外不開車，熱鬧的地區、人多的地方、街道小的所在都不去。而事實上我們在東京要用車輛的機會並不多，那無疑是一項既浪費又受氣的事。爲了替我們節省，所以接洽了她一位朋友的公司，派了一小、一中的兩輛車，說好可能不要錢，就是要錢也不會多。大家聽了以後也覺得有道理。

好玩的是，到了第二天我們做正式的訪問時，小轎車沒有出現，僅僅是那部客貨兩用的中型巴士來接我們去參觀駒澤及東京兩所大學。那家公司的老闆所持的理由是：第一天在機場迎接時我們有好多行李，現在行李留在旅館，一輛車應該足夠。以致讓楊正居士數十年來，第一次坐在載貨間的地下鐵去做訪問旅行。第二天我們就把車子回了，改乘計程車，這也正是蘇妧玲給我們策畫過的，既方便，又省錢。

九、曹洞宗的駒澤大學

八月五日，星期三。

關於駒澤大學，我曾在日本求學時所寫的〈東京的佛教大學〉一文中，有過介紹。它是由日本曹洞宗創建於明治十五年（西元一八八二年），到了大正十四年（西元一九二五年），始有駒澤大學之名。當我在日本留學期間，爲了蒐集寫作論文的參考資料，經常去那兒的圖書館借閱相關的圖書。臺灣佛教留日先輩之中的李添春、曾景來以及如學比丘尼等，都是該校的畢業生。我在留學期間，也與該校幾位教授過往甚密，像李添春的少爺李俊生，尤其是佐藤達玄以及在東大教書的鎌田茂雄兩位先生，都有來往。

這次我們訪問駒澤大學，並沒有通過正式的管道，不僅沒有經過它的校長和部長，就是跟我相當熟悉的佐藤先生，也是到了行前才讓他知道。我們由惠敏法師接洽了正在該校留學的自鼐法師，以她的私人關係，跟圖書館負責人接洽而做了兩個小時的參觀訪問。他們把館藏的珍貴圖書，逐間的開啟，讓我們參觀，線裝古籍之多，讓我們大飽眼福，不過書籍庫藏雖多，利用的卻好像很少。他們的圖書館大廈，上下共四層，新舊圖書共達十七萬冊以上，定期刊物有七百種之多，在東京各私立大學之中，是藏書比較豐富的一所。只是建築的時代較早，談不上有新的圖書館設施，例如：地下珍貴資料藏書館，似乎沒有通風設備，也沒有防火設備，那些古籍躺在架子上，因爲很少有人利用，所以還算保存得不錯。

然後我們也參觀了該校的佛教學部、新建的講堂，以及禪堂。其中的禪堂，我在二十多年前曾經一度參觀過，面貌依舊。它的特色是禪堂前面有相當寬敞的迴廊，禪堂右側的迴廊裡，有

▲本訪問團在駒澤大學禪堂合影。

▲駒澤大學的禪堂。

一排更衣室，便利進入禪堂之前更換衣服，脫下鞋履，輕聲緩步，平心靜氣，莊嚴肅穆的做一些準備工夫。進入禪堂之後分成東西兩排，每排各有幾行，每行都有木板短牆立於中間，短牆的兩側就是几櫃式的木板矮床，床上鋪著一個個圓形的黑色坐墊，這就是爲了在較小的空間能容納更多的人同時面壁而坐的禪堂。其中除了它的迴廊以及更衣室的設置，值得學習之外，並沒有太多的特色，倒是它的光線和空間的配置運用，可以作爲參考。可是沒有足夠的空間面積，提供禪眾經行，在學校作爲上課或僅早晚打坐，這已夠了，如果舉辦時間較長的禪七，就不十分理想了。

他們有一間新講堂，面積也不大，可是從室外看是兩層，裡面的四周也是兩層，中間只有一層是透天式的，是透頂天窗，用作採光，看起來很實用也很舒

▲作者在駒澤大學與佐藤達玄教授合影。

暢，這不是傳統式的建築，而是在新式之中，又可以看到一些舊傳統的氣氛。

我們也接受了佐藤達玄教授的接待，除了圖書館的設施之外，都是由他帶著我們參觀。我跟他已有十八年以上沒有見面，當時他只有四十多歲，現在他已六十八歲，而且做了祖父，但是在彼此的印象中，看起來並沒有太大的變化，他能夠一眼認出我來，我也一見就知道是他。他是專攻中國的禪學及中國的戒律，跟我所學頗爲接近，所以非常投契。因爲他擔任過該校佛教學部部長，是一位資深的教授。我就向他提起：「駒澤大學是否有可能跟中華佛學研究所建立正式的交流關係，就像我們和立正大學、佛教大學已經建立的關係那樣？」他說：「有這可能。」他願意向全校的教授會議提出建議，看看大家的反應如何，再跟我們聯絡。他於八月六日晚上偕同夫人，到我們歇腳的飯店做深長的懇談。那天晚上，他還做了一個決定：一九九四年二月份，他到本所擔任一個月集中講義式的客座教授，我們會正式邀聘。最近已接到佐藤教授的來信說：該校對於和中華佛學研究所的交流建議案，很有興趣，而在今（一九九二）年底的另一次教授會議上，會有結果。

一〇、東京大學

如眾所知，日本的東京大學，是該國最高學府，也是首屈一指第一流的學府。我們中華佛學研究所在這六年以來先後已有三位同學考取了日本政府所給的獎學金，進了東大。那就是惠敏、厚觀兩位法師及鄧克銘居士。惠敏完成了博士學位，鄧克銘已繳出了博士論文，厚觀則正在攻讀博士課程。目前還有一位，臺北華嚴專宗學院研究所畢業的一位同學——證光法師也在東大留學。

東大對我並不陌生，在我留學時代，常去訪問。東大印度哲學研究室老一輩的教授，也多半熟悉，可是目前他們都已退休。

這次我們在離開駒澤大學之後，驅車直奔東大，參觀了兩個研究室及一個總圖書館。首先拜訪印度哲學研究室的主任教授江島惠教博士，也就是惠敏法師的指導老師。我是去向他致謝，照顧了中華民國的同學。當天我們也見到了另一位木村清孝教授；就在那同一層樓也訪見了曾經於一九八〇年三月應聘到中華佛學研究所擔任過梵文文法客座教授的土田龍太郎博士，他在該校印度文學研究室任職，早在前幾年從東大退休的另一位印度學佛教學的名教授玉城康四郎博士，也曾於一九八七年三月，應聘到本所擔任過客座教授。由此看來，我們和東大的關係相當密切，所以也受到他們親切的歡迎。

當我們去東大訪問的途中車上，惠敏法師一再的給我暗示說，他的指導教授江島先生脾氣古怪，而心地善良，跟人見面很少寒暄，甚至口氣冰冷，要我不必介意。類似的文人學者，我已見過不少，當然不會放在心上。可是非常意外，江島先生一見到我，非常謙虛，也很熱忱、親切的接待，誠懇的交談，親自為我倒茶，並做簡介。所以當時我們離開那兒之後，惠敏法師連連的

▲訪問東京大學印度哲學研究室主任教授江島惠教（左一）。

說：「今天發現我的指導教授，非常的失常。」

接著我們訪問了東大的總圖書館，由於印度哲學研究室，事先向那兒打了招呼，所以該館派了一位館員，非常耐心的帶著我們參觀說明。該館所藏圖書一百萬冊，雜誌六千種，工作人員六十五名。它的閱覽室非常寬廣縱長，從一頭看到另一頭，幾乎一望無際，桌子、椅子和燈光，都是經過特別設計，並不新穎但具特色。館內只見到人來人往的青年學生，都是輕聲、小心、文質彬彬，我想東大就是東大，它的氣派及氣勢，就能陶冶青年人的氣質和性情。據說東大的圖書，應該多過一百萬冊，因在每個學院、每一個研究所及每一個研究室，都有他們各自專門範圍的藏書，就拿印度哲學研究室和印度文學研究室的室壁而言，重重疊疊都堆滿了一架一架的書。在參觀了東大總圖書館之後，覺得它除了藏書多、房子大，並沒有太多可以參考的部分，也許因爲它的年代太老舊了的緣故。

二、飯館·鄉土館·山喜房·本納寺

八月五日的午餐，是由東京大學赤門前的「山喜房佛書林」老闆作東，在他們附近一家日式料理的「萬盛庵」餐館，讓我們享受到一頓美味可口的日本麵食，菜式不多，卻很合我們的口味。因爲我們去得太晚，已是下午一點，所以東道主淺地康平氏到了以後，打了招呼就因有事離開了，反正當晚我們還要去他的書店訪問，是否要陪我們同桌用餐，並不重要。

午後，由惠敏法師率領我們參觀東大所在地文京區的鄉土歷史館。那雖是一個區的歷史博物館，卻運用現代的科技，製成種種的圖表、模型、音響，配合著優美的圖片，既不俗氣，也很熱鬧，尤其對於文京區開發史的介紹，比一般所用的多媒體幻燈片還要精細可看。所以惠敏法師建議，如果我們國內佛教歷史的介紹，也能模仿該館的設施，應該很有教育意義，也有相當的吸引力。另有一種用投影方式，介紹一個文人的故事，生動而又立體化，那種科技的設施，令人感到

▲訪問山喜房佛書林，左起：淺地康平、職員吉山利博、淺地夫人、作者、惠敏法師、果鏡法師。

新奇和巧妙。

從鄉土館出來已是下午五點多鐘。惠敏法師便帶我們上該館對面隔著一條小街的中國餐館晚餐，是一家臺灣人經營的中華料理，那天特別把二樓空出，只讓我們專用，搬上桌的素菜，看來還算內行。本來那家館子不供應素食，全是看了我們是臺灣來的同鄉。要曉得在東京希望吃到中國式的素菜，是非常難得的事，如果不是人熟地熟，像我們這樣的團體，只好到西餐館吃生菜沙拉，或者到路邊的小店叫一碗蕎麥麵果腹了。

下午六點，山喜房佛書林唯一的老職員吉山利博先生，駕車到餐

▲訪問桐谷征一先生的本納寺。

館來接我和惠敏、果鏡及施建昌等僧俗四人去訪問他們的書店。其他人員，有的希望逛街看看東京的夜市，有人去訪問他們自己的朋友，也有人想早點回到旅館休息。

山喜房佛書林出版社的歷史相當悠久。在我剛到東京時，他們的老闆是青木先生，淺地康平是職員；後來青木過世，淺地就把這家店接了下來。最初我是由留日的先輩慧嶽法師的介紹才認識他們，後來我就成了這家書店的常客，有新書，不管是那一家出的，我都向他們購買。日本的任何書店，都是不二價，只有山喜房對我們特別優惠，可以打折扣。他們也很會做生意，不把我們當顧客，而是當朋友。所以當我在一九七五年，學成離開東京而到美國時，就由淺地和吉山兩人，駕著他們的客貨兩用車，把我送到羽田機場。當時在日本爲我送行的，除了他們兩位就只有另一位留學生達和尼法師。

這天晚上，我到山喜房舊地重遊，見到淺地夫婦，不能說風貌依舊，但也沒有太多的改變，不過他們那時讀小學的男孩，現在已經三十多歲。店面並沒有改變，只是書架重新裝修。當年（一九七五年）他們爲我出版的博士論文《明末中國佛教の研究》，也高高的靜靜的站在他們的書架上，我問他們我那本書銷路如何？他們就說「還好」，我便不好再問什麼。當時出版五百冊，我自己買下一半，現在他們書架上的是否還是那兩百五十冊中的成品，如果說是的話，那實在使人傷心，如果不是，等於我要向他要版稅，既然是朋友，我那本論文也不是暢銷書，就不必去管它了。只要在國際上讓人知道有這本書，也還能買到這本書，我就可以心滿意足了。

當晚我還事先約好，去訪問另外一位老友，那就是現任本納寺的住持桐谷征一先生。本納寺是位於東京豐島區池袋附近的一個日蓮宗派下的小廟，原任的住持是兜木正亨博士，是一位研究《法華經》版本學的專家，曾經在英國倫敦大英圖書館做過兩年的研究。今（一九九二）年春天，我訪問該館時，還看到有關他的記錄。因他只有女兒，未生兒子，當他過世之後，該寺便由他的女婿桐谷征一先生來繼承住持的職位。

桐谷先生也是立正大學出身。當我留學日本時，他已修完博士課程，正在圖書館任職，並兼任佛教學部的講師。他的專長是西域的佛教，對於中國佛教很有興趣，原來預定是要繼承該校的野村耀昌博士，是專攻中國佛教史的，所以一直跟我非常接近，並且向我學習中文。我在留學期間，也曾經被他帶到他自己的故鄉福岡縣的一座寺院，他的父親就是那所日蓮宗寺院的住持，後來由他的哥哥繼承父親，他自己則接受了岳父的遺職。當我上回於一九八三年訪問東京之時，就是住在他的寺院，這次當然要去做一次拜訪。

我們到達該寺，已經過了晚上七點，本納寺沒有任何改變，大殿之外就是一排廂房。大殿是道場，可以用來舉行婚喪喜慶及各項佛教儀式。一排五間的廂房，是用作他們的住家，包括廚房、臥房、客廳、書房。桐谷夫婦有三個女兒，沒有兒子，女兒都已長大，那天晚上正好都逢外出，看樣子桐谷的繼承人也將是他的女婿了。

招待我們用過茶點之後，桐谷先生便向我介紹，他近幾年來，已改變研究的方向，正在研究中國北齊的石經，因爲這還是一項冷門。自從北京的房山石經問世以來，尚未有人對它做廣泛而深入研究，如果有的話，桐谷該算是第一位了。又由於石經散見於中國各處，很少有第一手的資料線索可循，所以這十多年來，他已實地勘察訪問中國大陸的北方達十五次之多，包括河北、河南、山西、山東，不論有名、無名的石經，只要聽說何處留有殘跡，他就前往訪問。因爲他能通達一些中國話，所以較爲方便。

接著把我們引到他的工作室，參觀他所蒐集的石經拓本資料，讓我大開了眼界。那些東西就以我中國人來講，也是很不可能得到手的，譬如說：泰山的大字《金剛經》，每個字都有三、四尺見方，而且不是現代人

▲作者等一行訪問本納寺，其住持桐谷征一先生展示石經拓本真蹟。
左起：作者、惠敏法師、果鏡法師、桐谷征一、吉山利博。

的拓本。另外還有一套石經，每個字跟中等身材的人那麼大，其他尚有多種石經的眞蹟拓本，而且滿室都是拓本墨汁的香氣，但是他說還要去蒐集更多的資料，才能把論文撰寫成功。做學問要花那麼大的工夫，那麼長的時間，精神可佩。我預期他在寫成出版之後，一定是一部不朽的世界名著。因爲他不像一般學者那樣，只是坐在圖書館中抄抄寫寫，便完成了他們的著作。

當他們夫婦知道我正在爲了建設法鼓山，才到日本訪問之時，便捐助了法鼓山日幣十萬元，眞是感激！

一二、造訪我春夏秋冬的道場

八月六日，星期四。

上午九點，我們從銀座第一大飯店出發，分乘三輛計程車，九點三十分抵達立正大學的大門口，離開該校預定接待我們的時間還有十五分鐘，我便趁這空檔，帶著果鏡師、陳柏森建築師、施建昌及廖雲蓮兩位男女居士，步行五分鐘，先去造訪我在留學時代的「道場」居停處，希望跟當年的房東打一聲招呼，送一份小禮物，以表示懷念和感謝。當我們來到了位於一條小街及一條小巷的三叉路口，建地面積不足二十坪的兩層木構樓房之前，房子外貌依舊，只是主人的姓名換了，當年我的房主姓「立入」，現在門邊牆上的識別牌子是「廣川」，而且門戶深閉，可能是外出上班去了，我們只好在戶外來回踱了幾趟，做了一番憑弔，拍攝了幾張照片帶走。

特別是那間臨街第二層小閣樓的右側一小間，讓我住了六年，房租費從每月日幣二千元漲到八千元，僅僅四個半榻榻米。但在那時，像距離學校如此近的地方，比較起來，房租尚不算太貴。

我對那臨街有個窗戶的二樓小房間，看了好幾眼，勾起了許多的回憶：東京的夏天，太陽特別熱，而那間閣樓是西曬；冬天下雪時冷，融雪天更冷，而那間閣樓的窗戶，正好面迎西北風；秋天的東京雖好，也有悶熱的日子；唯有春天最舒服，可惜也照不到上午的春陽。不過我從未動過要搬家的念頭，因我曾見佛典中的記述說，有福德的菩薩雖住阿鼻地獄，猶如三禪天上，無福之人縱然被帶上三十三天，仍感水深火熱。可見環境的惡劣，對凡夫的影響固極重要，對於修行者而言，卻正好用作境上鍊心的工具。能夠鍊到心不隨境轉的工夫，是要經過一番折磨的，故我在那兒住成習慣之後，倒是覺得蠻不錯的。日本的同學們，便戲稱那是我一年四季春夏秋冬日日好日的金剛道場。

▲作者留學時代的道場。

▲作者就讀立正大學時於其租賃房屋處撰寫博士論文。

我對那間閣樓的「道場」，尚有不少記憶：日本式的普通住家，都不會有浴間設備，不論春夏秋冬，我必須提著裝了換洗衣物及毛巾、肥皂的小布袋，於夜晚去附近的公眾浴室洗澡，日本稱那種設施為「風呂場」。

我住的第二層小樓共有三個房間，分別出租給三人，共用一套廚廁。另外兩間，經常更換房客，雖然都是單身男士，偶爾也有女士借宿，有的牽朋引類，非常吵鬧，乃至到了深更半夜，尚在飲酒作樂。有時也會聽到隔壁的青年男女，大聲地相互對罵乃至對打的聲音。

對我而言，那還是個「道場」，房間內沒有床鋪，卻有佛壇，每天早晚，定有自己的禪誦恆課。沒有沙發椅，卻有六個書架子，四壁圍滿了書，眞有坐鎭書城的滿足感。在書桌的上方，貼有一紙，寫著東初老人給我的兩句訓勉語：「當作大宗教家，勿爲宗教學者。」

我在這間小閣樓上，讀了很多書，寫了不少文章，我的碩士論文及博士論文，均在這兒完成。《從東洋到西洋》那本書中的作品，也都是從這間小閣樓上生產出來。

我在這兒，曾經接待過許多貴賓，例如：白聖、道安、煮雲、廣元等長老法師，張曼濤、冉雲華、吳老擇、藍吉富、王煝如等教授居士，以及當時在日本留學的比丘、比丘尼和幾位在家同學，都曾到過，甚至也吃過我自己煮的羅漢齋。至於日本的老師、同學，以及宗教界與國際間的好多朋友，不僅到這兒作客，甚至舉行小型的座談會，召集五、六個人，由我供給茶水，若到午餐或晚餐時分，尚未結束的話，往往由我下廚，忙出幾道中國素菜招待。

這個房間，雖在隆冬，沒有暖氣，僅有一個「火燵」（裝在矮桌下的電暖器）；盛夏，沒有冷氣，僅有一臺小電風扇。名副其實，冬冷夏熱。好在度過冬天，便是春天，度過夏天，便是秋天，總是會有好日子在望。所以除了高雄美濃朝元寺旁的關房之外，這兒是我生命史中，最足懷念的道場。

一三、煥然一新的立正大學

上午九點四十五分，當我們進入立正大學時，使我幾乎不敢相認，它的正門已經改向，所有的建築，除了二十年前落成的圖書館及學生會館，其餘全部改建爲三層到五層的大樓，空間的利用和建築的式樣，實用而又新穎。全校的佔地面積不大，容納的建築面積則很多，尤其他們新建的講堂，頗具特色，把山頭上挖了一個大坑，由坑底蓋起了一座講堂。其內部都是用米黃色的石材砌成，講壇的木料，乃至連地板也是米黃色的，只有椅子的背墊，是用鮮紅色的毛氈，醒目、莊嚴、素雅。至於講臺的背景，除了幃幔，還有活動而可摺疊的大屛風，使得講臺可深可淺，可大可小，給我印象很深。

因爲正在暑假期間，勞動他們幾位不得不出席的教授，分別由東京市郊各地的住處，一大早趕來接待我們。他們是：校長渡邊寶陽、佛教學部部長三友健容、總務部長久留宮圓秀、《法華經》文化研究所所長田賀龍彥、日蓮教學研究所的教授系久保賢。

我們是首先參觀該校幾個研究所的辦公室和研究室，在每個地方聽取他們主管的報告，然後去校長室，相互贈送禮物及紀念品。他們對我們所送的仿古瓷大花瓶，十分歡喜，說將會找到一個適當的地方或者就是在校長室內陳列起來。

這些目前已經當到該校高級主管的教授們，當我在留學時代，除了現在的校長已經是教授之外，其他幾位，都還是助理教授、助教和副手，因爲我去留學時已經三十九歲，這些比我年齡還小的人，卻都是我的先輩。如今我回母校，他們卻又把我當作貴賓接待了。

我們這次訪問立正大學的目的，除了報聘之外，也想學到一些什麼，所以當我坐上渡邊校長的座車，去池上本門寺午餐的途中，向他請教：以一個宗教團體經營一般大學以及培養自身的人才，有那些甘苦的經驗？又問他：處身於當今的時代，該用什麼樣的方式和態度來辦好一般大學，才能既可適應大眾的需要及時代的意識，還能維繫宗教自身的原則以及辦學的方針？因爲這幾年來，立正大學在東京所有私立大學之中，是經營得比較得法的一所，不但賺錢，而且還享有盛名。學校設備的更新、師資的充實、學生的增加，相當明顯，所以受人注目，其中必有原因。所謂事在人爲，該校的領導人，以及在他們的高級幹部之中，一定有智勇雙全的能人。而他們的校長和重要的高級幹部，當天就在我的面前，因此我以開玩笑的方式說他的名字叫渡邊寶陽，一定可以既送我財寶，又贈我太陽。

渡邊校長十分含蓄，他不正面告訴我立正大學是怎麼經營的，倒是告訴了我另外兩所大學的例子：

（一）東京的上智大學，是天主教教會經營的，相當成功，在穩定中，年年成長。他們的老師和高級職員，都有行政投票權，這是關鍵所在。因爲天主教的神父、修士、修女，多半有兩種以上的學位，也就是在神學學位以外，尚備有一、兩項一般學科的學位，所以有資格優先被聘任爲該校的老師及高級職員。這樣一來，只要教會內部人事穩定，學校內部的政策也會穩定了。這是教會經營一般大學最成功的例子。

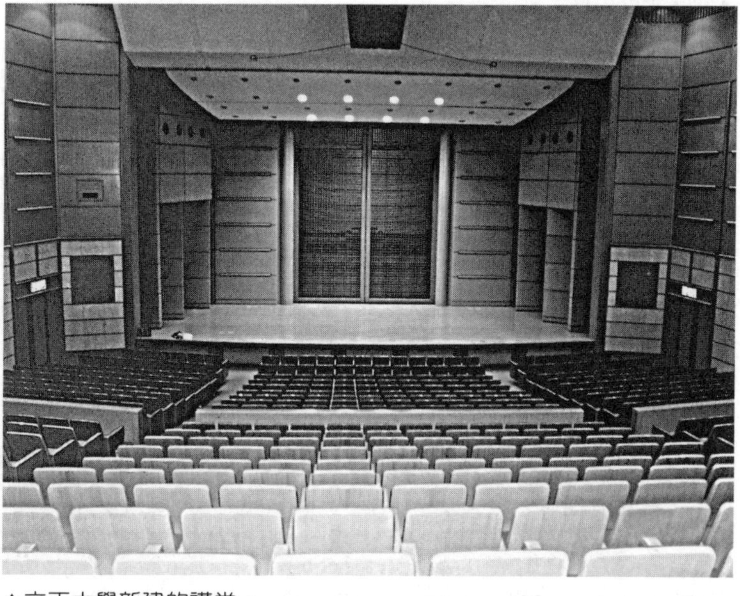

▲立正大學新建的講堂。

▲立正大學校長室。

▲訪問立正大學，右起：作者、渡邊寶陽校長、三友健容部長。

（二）大阪的福祉大學，是佛教界創辦的，因爲許多帶有左傾思想的分子進入了該校高階層的主管系統，逐漸地帶進去更多具有同樣色彩的老師和職員，結果他們的情況，就弄得相當混亂。

（三）他說至於立正大學，尚在百廢待興的階段，沒有什麼好講的。我想最主要的是立大有一個經營學部，也就是工商管理學院，所以能夠爲他們培養管理經營的人才。他們歷任的校長和部長，也都是在戰戰兢兢之中選出來，一旦被不是專攻佛教系統的人，選上了校長，他們會特別小心，更加努力，運用種種方法，來影響管理系統的人事決策。據他說，立大雖然是由日蓮宗創辦，但目前由日蓮宗宗務院資助的經費，僅是全部預算的十分之一，所以也不可能用教會的經濟壓力，來交換行政權力，以達成控制學校教育方針的目的。

一四、池上本門寺

還是八月六日，星期四。

立正大學爲我們設的歡迎午宴，是在日蓮宗的大本山，池上本門寺。日本全國有三座本門寺，所以日蓮宗在東京的這一座，必須冠上「池上」兩字。

日蓮宗的寺院建制，共分四級：1.「總本山」僅一座，是在山梨縣的身延山久遠寺；2.「大本山」有四座；3.「本山」是在各郡各縣；4.「末寺」是分布全國各處的小寺院。因而，池上本門寺在日蓮宗

▲本門寺長廊，旁為功德主牌位。

▲池上本門寺的後院。

的地位，僅次於久遠寺。

池上本門寺，位於東京都內的大森區池上本町，是日蓮宗的四座大本山之一。對於日蓮宗來講，日蓮聖人（西元一二二二—一二八二年）的地位要比釋迦牟尼佛更重要。釋迦牟尼的一生事蹟在印度留下了八大聖地，而日蓮的一生事蹟在日本，最重要的有三大聖地：1.誕生地是房州小湊的誕生寺，2.入滅地是東京池上的本門寺，3.埋骨地是身延山的久遠寺。而池上的本門寺，據說是創建於西元一二七四年或一二七六年。到了西元一九四五年四月十五日毀於空襲的戰火，直到一九六六年又重建完成。

當我於一九六九年到達日本留學之時，第一次到本門寺，所得到的印象是全新的建築，在設計布局上雖然依照舊時的原圖，在施工技術和採用材料方面，已經是現代化的。例如：日本的古寺建築多是木造的，現在的本門寺則爲鋼筋混凝土結構；古代的日本寺院多採用臺灣的檜木原材，現在則因木料奇缺，只能用檜木皮包在水泥樑柱上，外觀雖是木構，其實是新式的混凝土建材。

本門寺相當大，建在一座小山丘上，它的正殿居中，包括的部門有：集會的大禮堂，小型集會的小禮堂，以及會議室、餐飲部、販賣部，尚設有可以同時提供三個至四個舉行結婚典禮的會場。從外觀上看這座正殿，只是一棟傳統式的房子，裡面卻是四層的大樓。在這座大型建築物的後面，是一個非常幽靜的庭苑，設計得非常美觀雅致。可見過去的信徒，上寺院是爲了祈福、還願、聽法、修行，現在的寺院，則更增設了休閒、社交乃至結婚等的功能。

日本的寺院，和西方的教堂相同，多會附設信徒的墓地。池上本門寺的墓地，是埋葬該寺固定信徒的家族，可在同一個墓裡，容納許多的骨灰，就像一個大家庭。因此，人的一生，從出生、結婚到老死，都跟寺院發生密切的關係。可惜的是，寺院本爲活人而設，年代久遠之後，竟演變成了爲死人而設；僧侶本是爲人說法，年代久遠之後，竟偏重於爲亡者做超度的佛事了。

目前的池上本門寺，是座重建的新道場，雖也附設有墓園，卻以活人爲他們服務關懷的主要對象。它是一座提供給人類做宗教活動的佛教道場。

當天，先由該寺的執事長新倉善之先生接待我們，嗣請該寺的貫首田中日淳先生出來見面交談，所謂貫首，就是大本山住持的職銜。然後由該寺的知事伊籐海佑先生協助照顧。

歡宴的餐會是以一條鞭的長型矮排桌方式進行，每人前面各有一副餐盒，分作三層，有飯、有菜、有湯，菜式又有五樣。夠看也耐吃，味美質亦佳。出席這次餐會的人員，在本團的人馬之中，增加了正在東京大學留學的

▲左起：本門寺貫首田中日淳、作者、惠敏法師。

厚觀法師，他是我們本所跟立正大學之間，駐在東京的聯絡人。在立正大學方面，則由校長渡邊寶陽博士爲主人，加上三友健容、田賀龍彥、久留宮圓秀、系久保賢、佐佐木孝憲等教授作陪。席間，在介紹雙方的人員相互認識之後，渡邊校長和我，都先後做了正式的簡短致詞，氣氛十分和諧，而又相當隆重。

我在參觀本門寺正殿後廊時，看到牆壁上掛滿了黑底白字寫著人名的木牌子，我問他們的知事：「那做什麼用的？」答案是：「凡是出了大錢的，就刻石立碑；出小錢的誦經迴向；出中等功德的，就掛這樣的木牌子表示感謝。」我又問：「這樣的牌子要掛多久？」他說：「大約三年到五年，如果該信徒繼續捐款，牌子繼續就掛在那兒，如果停止捐款了，牌子就拿下來，如果捐款人不多，牌子還是繼續掛下去。」這倒是一個鼓勵人捐款的好辦法。

一五、後樂園・晚餐

午餐之後，參觀了本門寺的各部門，然後就向立正大學的校長等告辭。接著，我們的訪問團，便分乘三輛計程車，由惠敏法師帶到文京區，參觀小石川的後樂園。

住在東京的人，乃至到過東京的人，無不知道東京有一個世界聞名的後樂園棒球場，卻很少有人知道還有一個山明水秀的公園，也在那個附近，名爲小石川後樂園，連計程車的司機都不知道有這樣的一個名勝可去。

後樂園的名稱，傳說是因中國的明末大儒朱舜水，到了日本，想到了范仲淹說的「先天下之憂而憂，後天下之樂而樂」的名言，建議把那座花園命名爲「後樂園」。那是在日本的江戶時代。現在的那座棒球場，是以花園之名爲名，由於棒球出名，以致形成了喧賓奪主，大家知有一個棒球場，忘掉尚有一座花園。

我們去參觀這座建於小山坡上的花園，是惠敏的建議。因爲法鼓山的建設是在山坡上，將來在臺灣的空間面積相當寶貴，如果能從後樂園中得到靈感，就可以利用小的自然環境，創造出理想的園林景觀。那裡有山有水，山丘雖是自然，湖泊卻是人工，並且區隔成好幾個部分，景色各不相同，特別是對於水資源的連環運用，非常值得參考。

我們在後樂園裡暢遊了兩個半小時，直到該園的擴音器，播送了驪歌，示意遊客快些離開時，我們才從該園的最後面，被趕向出口處。那樣的公園景色，是日本庭苑的一項特色，在淡雅之中不失緊密的節奏，而且處處都有令人流連忘返的吸引力，不知不覺中，出園之時已近黃昏。

▲小石川後樂園之月洞橋。

我們還是分乘三輛計程車，從文京區的小石川，到港區的三田。在日本電器總公司的新大樓附近，有一座「日本佛教傳道協會大樓」的三樓，開了一家中式

▲小石川後樂園的湖光山色。

的素菜餐館，名叫「菩提樹素食館」。在那兒我們讓東京中國留學生的佛教團體「菩提會」作東請吃晚餐，其實那就是由惠敏、厚觀、慧璉、自鼐、證光等幾位比丘、比丘尼，以及若干位居士組成的一個團體，他們也常借用這家臺灣口味的素餐館聚會，討論佛法。我們在東京，能藉此機會和幾位在東京留學深造的同道晚輩，同桌共餐，討論一些有關國內外教育與學術的動態和動向，並且聽聽他們的現況及抱負，感到非常的歡喜。

晚餐後，離開三田，回到中央區的銀座第一大飯店，已經是晚上八點三十分。我們幾乎忘了，曾經於先一天約好於當晚七點，駒澤大學的佐藤達玄教授夫婦要來旅館拜訪我們，所以一進旅館的門，櫃枱的服務人員，就遞給我們一紙留言條，正是佐藤先生的親筆，他說他們夫婦等了我們一個小時，先去吃晚飯，九點再回來。眞感到失禮，我就沒有想到，如果當晚請他們一同晚餐，該有多好。

一六、從東京到京都

▲大谷大學圖書館館長加來一丸教授。

八月七日，星期五。

這趟日本之行，時間實在太短，我在東京希望去看的人，想要去的地方，還有很多，卻未能如願。例如我往年的三位指導教授，坂本幸男及金倉圓照兩先生，已經過世，我竟無暇去他們的墓前憑弔；另外一位野村耀昌先生，早已因爲高血壓中風，癱瘓在橫濱的家中，我也未能抽身去探望。還有我曾跟他們修行過的各宗的老師及朋友，以及當年留學時代許多的日本同學及老師，這次連跟他們通一個電話的時間都找不到。就這般行色匆匆地到達東京，行色匆匆地離開了東京。

我在前面說過，訪問日本時，本所公家的行李，比私人的多，私人的行李也不算少。從東京往京都，是搭乘新幹線也不辦行李托運。我們在出發的前一天，就由慧嚴法師提出建議，辦妥了「宅急便」貨運公司的托運手續，快寄快到，直接為我們送達目的地。價錢相當貴，但是很便利，我在留學時代，還不知道有這樣的托運辦法。

上午六點四十分，我們在飯店辦好了離館的手續，到東京總車站，等了半個多小時，搭上了八點十七分新幹線的「ひかり號」。十點十分抵達京都，十一點就到了市內丸太町的新京都大飯店。可是我

▲作者參觀大谷大學圖書館古書收藏室。

們去得太早，只能先辦住宿的手續，要到下午兩點，才能使用房間。我們便被慧嚴法師帶著上街，搭乘巴士，回去京都車站。一個不小心，上錯了反方向行駛的巴士，發現之時，已過了好多站，只好下車，重新等車換車。還好，並沒有誰發出怨言，反而覺得是新鮮經驗。

十二點多，於京都車站地下街，慧嚴法師找到了一家以手打粗麵條（うどん）出名的麵食店，享受到道地的日本「うどん」，價錢公道，品質鮮美，分量夠多，致使我們之中，有人連吃兩客。然後在地下街內轉了兩圈，就去參觀大谷大學。因爲今（一九九二）年春天該校曾有一位桂華淳祥教授到臺灣訪問時，慧嚴法師介紹他去了農禪寺及中華佛學研究所，這次便由他安排接洽，讓我們參觀了該校的圖書館。

我們到達該校的時間，是下午二點三十分，桂華先生已在校門佇立等待。他安排得相當周到：先請我們至圖書館大樓的二樓會議室，由淨土眞宗綜合研究所的多田稔教授，向我們簡報該校圖書館的藏書概況，該館課長平野紹壽先生陪同接待，然後由其主任渡邊顯信教授，帶著我們參觀書庫，逐一介紹說明。

大谷大學的總藏書量是五十八萬冊，學生僅四千人，平均每年借閱圖書九千冊，這不含在館內使用開架圖書及各研究所辦公室的圖書，那就是說，平均每一個學生借書只有兩冊多，使用率不算高。也許該校各研究所的藏書及開架書，已經夠多的關係吧！

參觀書庫之後，再度回到會議室，由該館館長加來一丸教授主持歡迎會，並做具有實質的交談。我們試探著是否能夠通過某種合作的管道，來達成中華佛學研究所與該校之間，有更多的交往。不過他只是圖書館長，僅能答應交換彼此的出版物及學報，並且當場贈送我們一套該校所藏漢籍的《目錄》。接著又把我們帶到另一棟大樓的交誼廳，由桂華及多田二位先生主持，以茶點招待我們。從這幾個過程來看，日本機構接待國際來賓時，有他們一定的層面及程序，在不同場合有不同的人負責接待，這是值得學習的地方。

一七、水谷幸正先生・禪味

▲作者訪問佛教大學，受到該校前校長水谷幸正博士的歡迎。

八月八日，星期六。

我們到京都的主要目的，便是訪問日本淨土宗創辦的佛教大學，所以在該校獲得博士學位的慧嚴法師接洽聯絡下，也由該校派了一輛有二十五個座位的中型客車，給我們專用，並且也派了企畫部主任蛭田修先生來隨團照顧我們。足證該校對我們的重視和禮遇。

上午九點四十五分，我們從新京都飯店出發，費時僅十五分鐘，即到了佛教大學。在該校大門口，已有幾位先生向我們鞠躬歡迎，他們是該校通信教育部部長船木滿洲夫先生、事務長服部良譽先生等，我們剛一下車，他們的服務人員，就幫忙把我們攜帶的禮品箱及書刊等，代爲搬下了車，送去了行政大樓會議室。

我們上樓會見了該校前任校長水谷幸正博士，並由他主持了歡迎會，彼此交換了禮物。這位水谷先生於近二十年來，一直是該校的靈魂人物，他曾連任了兩屆的校長，對於該校的校務，不論在國內和國際上，都做得相當的出色，現在該校的幹部，也都是由他一手培養出來。如今雖然校長卸任，卻仍是該校的名譽教授，且對該校的實權推動，還是舉足輕重。據說當現任的校長滿期時，水谷先生還有可能東山再起，原因是該校太需要他了。

館合堂上課。

他在歡迎會中，對我個人以及對我們的中華佛學研究所，讚歎備至。因爲他到過臺灣很多次，一九九一年的九月

▲佛教大學通信教育部學生暑期回校在體育

中旬，也曾應邀到我們中華佛學研究所，擔任過客座教授，所以對我們知道得相當多。甚至他說，對於臺灣佛教界的比丘及比丘尼們，就教育、學術及辦教育的立場而言，他最尊敬的人就是我，這不免使我耳紅，我怎麼敢在他心目中有這麼重要的分量。我對他個人及他們佛教大學的所知，則不如他對於我們知道的多，直覺得慚愧。由於水谷先生非常開朗也很隨和，故在歡迎會上的賓主之間，十分融洽。

在我致詞答謝水谷先生的歡迎和接待之後，接著聽完簡報，已是近午的十一點三十分，便由該校的事務長服部先生，帶到禪宗的大德寺境內，一處名為「泉仙」的禪式素菜館，品嚐名為「一休鐵鉢料理」的日本素食。那原來是大德寺的一個房頭，現已改為專門經營素食的餐館，但在外觀和內景的建築布置與結構而言，還保持著往日寺院的模式：精巧、幽靜、素雅，要走過一段曲折幽深的石鋪路面，那條小徑僅容兩人通過，兩旁都是寺院建築及扶疏的草木，看來超塵脫俗，使你猜不出那是一家餐館。佛教大學把我們

▲大德寺境內獨坐庭。

的午餐安排在這樣的地方，的確相當用心。

下午一點，離開「泉仙」，順道參觀附近的一座庭院，也屬於大德寺的一個房頭，現在已經成為開放給遊客的一個觀光景點，名為「獨坐庭」及「閑臥庭」，是

一座小庵的前後兩個部分，殿前的院子，採用枯山水的布置法，讓人靜靜的坐在殿前的廊下，欣賞院中的美景，最好是一人獨坐，使你從任一個角度，看這個庭院，都會感到清趣及雅趣。再從廡廊繞到院後，另有一個小院落，比殿前的小了一半，也是採用枯山水的設計安排，可以讓人橫臥在廊下的高架地板上，盡情地欣賞院中疏淡清爽的景色，一時間會有渾然不知所在之感，故有人一躺好久，頗有流連忘返之情。這都是出於巧匠的設計，非常別致，雖然花錢買票入內，還是讓人覺得划算。「泉仙」的吃，此處的看，都能教人意味到禪修的清淨少欲。

一八、知恩院‧金閣寺

下午，從大德寺出來，被服部先生帶去訪問淨土宗的總本山知恩院，我們沒有見到他們的「貫首」，是由該院的財務部長藤井眞隆先生接待，在他們的會客室交換了紀念禮品，聽了簡報，喝完茶，便被帶著參觀該院的建築物。其主要殿堂，包括上中下三壇，中壇有彌陀殿、御影堂、集會堂、大方丈、小方丈、大庫裡、小庫裡等；下壇有總門、黑門、支院等；上壇有廟堂。我們參觀的，僅其中的御影堂、集會堂、大小方丈及總門。「御影堂」實際上就是日本淨土宗初祖法然上人的紀念堂，也是該院的主殿；大小「方丈」的兩個殿的四周迴廊，都用高架的木板鋪成，任何人走在上面，每一塊木板都會發出「吱吱」像鶯鳴的響聲，聽了令你覺得非常怪異，寺院應該非常寧靜反而用木板設計成爲噪音，其目的何在？據他們的解釋，那兩座殿原來是貴族駕臨寺院，落腳休息乃至過夜之處，爲了防止刺客的侵襲，所以做了這樣預警的防預設施，如今已經沒有那樣的必要，爲了保全古蹟，在維修之時還是照樣整新如舊。

日本的許多名山古刹，多曾跟皇族與貴族有關係，這座知恩院也不例外。此

▶知恩院總山門釋迦像前作者與該院財政部長藤井真隆先生合影。

▲知恩院大方丈廊下，走上去會吱吱作聲。

院初建於西元一一七五年的高倉天皇時代，被指爲淨土宗總本山則是西元一五二四年。先後受到嵯峨天皇、伏見法皇、將軍足利義政、後柏原天皇、慶秀權貴、後奈良天皇、織田信長、豐臣秀吉、德川家康等的幸臨及眷顧，他們蒞臨住宿之處，便是大小「方丈」，故有示警裝置的必要。日本寺院的「方丈」，是爲高貴的俗人所住，「庫裡」則爲住持的僧人所居，確有其道理，因爲「方丈」的典故出於維摩詰居士，正是一位菩薩權現的

居士。庫裡即庫院與廚房，奉佛者「大庫裡」，僧食者「小庫裡」，此在中國僅有庫頭經管庫房，尚無庫裡之名。

▲金閣寺。

我們這趟的知恩院參觀之行，除了在「方丈」見到許多文物的展示，由於惠敏及慧嚴二師，向那位藤井先生提醒和要求，獲得一項特許，那就是十多年才對外開放一次的該院「總門」，又名「三門」的門樓，也讓我們上去做了三十分鐘的參拜。由於去（一九九一）年整修完成後，曾向民眾公開開放，造成全國新聞的轟動，所以記憶猶新。

這座三門，建於日本室町時代，是唐式五間三戶的木造瓦葺門樓，是日本現存三門之中最大的偉構。於後水尾天皇元和三年（西元一六一七年）由江戶幕府的德川秀忠重建，不僅其建築物的古老而成寶，門樓上的一組木雕聖像，也已成爲日本的國寶，包括寶冠形釋迦坐像、善財童子、須達長者，以及十六羅漢像，都是出自名雕刻家「佛工康猶」的作品，其時代相當於中國的明末，距今已有三百零五年的歷史。我在中國大陸所見明朝所遺寺院，即是明式，日本則仍依唐

▲在金閣寺前全體合影。

式，足見其慕古之風，猶甚於中國。這座三門有四或五層樓那般高，在中國內地，我也未曾見過；攀登木梯之時，頗有直上雲霄的感覺，也讓我累得幾乎喘不過氣來。因爲我們是貴賓，故亦破例開禁，允許使用照相機拍了幾張珍貴的相片。

離開知恩院，便往金閣寺，這座寺院僅一個木造貼金的三層殿堂，建築在一個人工湖泊之旁。從湖面望去，上下輝映，看來像在水面水底，各有一座金碧輝煌的天宮樓閣，配以四周一片翠綠的山林環境，使得置身其間的人，眞有疑眞似幻的感覺發生。雖其並不雄偉，卻有如入仙境的縹緲之美。雖然我在中國山西的五臺山，也見有一座金閣寺，其景色則截然不同。前者浮於水面，後者騰於空中。這座日本京都的金閣寺，一名鹿苑寺，初建於西元一三九七年，明治三十九年（西元一九〇六年）重修峻工，上中下三重樓閣，現仍屬於禪宗相國寺派下鹿苑寺的一部分，由於金閣的名聞遐邇，故名金閣寺，而與慈照寺的稱爲銀閣寺，齊名於京都。

一九、佛教大學的通信教育與晚宴

我們在上午已約好時間，三點以前，再度回到佛教大學，由他們通信教育部長及前任校長等高級主管，陪同參觀該校的通信教育部的各項教育設施。

這是佛教大學的一項特色，已有二十八年的歷史。所謂通信教育，就是函授學校，其函授課程，除了佛教學的課程外，尚有教育學科及社會福祉學科的課程，使得無法到校按時上課的學生，以及各界社會人士，都能通過函授的方式，在各人自己的家中，做作業、趕功課、交報告、修學分，然後再利用假期，到學校接受必須面授的若干課程。

大學部的學生，在四年之間，要修滿一百二十四個學分。他們的教科書和老師，是以佛教大學本身的爲主，另外聘約各大學的教授，編寫課程，批改作業。他們也要舉行每月的考試，是由該校派員到各地舉行，如果不能及格，或者學分未滿，就不能畢業。因此，入學容易，畢業很難。有些學生，只想取得各科的教科書，作爲參考之用，或作爲自修之用，並不希望取得學分與學位。有些學生，由於恆常心不夠，或是生活及工作的關係，無法讀完四年課程，不能修滿應修的學分。所以該校在創設通信教育二十八年以來，畢業生的人數，只有一萬。其目前在學的人數，多達兩萬三千兩百人，其中有一百二十人是外國學生，遍布於臺灣、韓國、東南亞等地。

從臺灣各佛學院去報考入學的，現在就有五十人，今（一九九二）年暑假去佛大接受面授上課的，就有三十多人。比起日本國內的學生，臺灣學生的畢業人數是比率較高的。

他們目前已跟韓國簽有合約，也在臺灣設有分部，並且準備和中國大陸開始有合作的關係。這使得該校在日本國內受到重視，也在國外享有盛名。

反觀我們臺灣，至今爲止，還沒有一所學校受到政府的認可來辦類似的函授教學。臺灣的空中大學，和這有的相近，但還不即是函授教育。而佛教大學目前的函授方式也有部分採用空中教學，以電視及電臺作爲輔助。他們目前的教授陣容，是一百五十位，專用的職員有四十多人。我在他們的辦公室內，看到那些職員們的工作方式，處理函件的拆閱、收發、包裝，以及接聽電話，回答問題，非常忙碌。我也看到該校學生活動中心的體育館，可以容納二、三千人的大建築物內，有將近一千個學生，正在上課，其中也包括臺灣去的三十多人。這跟一般學校上課，所謂的小班制或大班制，均無法比擬，這應稱爲超級大班制。

據說，目前在日本的私立大學中，設有通信教育部的，已有包括佛教大學及慶應大學在內的十二所，我們這次訪問佛大的主要目的之一，也就是想瞭解一下，在臺灣實施函授教育的可能性有多高。

最初，該校誤會我們想要在臺灣代理他們，事實上那不太可能，因爲早在數年前，已有此間佛教界人士跟他們簽了合約，到目前爲止也運作得很好。我們只是希望學習他們的經驗和技術，試著籌備辦一所我們自己的函授學校，不像現在，他們在臺灣的分校，用的課本都是日文，也需要用日文來寫報告，我們當然是用中文來表達、傳播、教學。

我們這趟訪問，收穫很多，除了給我們詳細的報告，也贈送我們許多教材的資料，至於運作的方式，還需要進一步的瞭解和學習。

參觀了佛教大學的通信教育設施之後，已是黃昏時分。跟著是去接受他們正式的晚宴招待，地點是在鴨川邊的「閑臥庵」，那家餐館的主人是一位尼師，餐館本身就是黃檗宗的一座尼院，吃的稱爲「普茶料理」。所謂「普茶」，原是禪宗寺院的一項生活方式，由方丈和尚集合全寺大眾，一邊輕鬆地喝茶，一邊聆聽開示，有時也加點心。到了日本的黃檗宗，漸漸在喫茶時，上了山蔬珍味，因此而把普茶作爲正餐來招待客人，其內容當然不僅僅是茶了。其實，目前的普茶料

▲閑臥庵晚宴席上，與佛教大學校長伊藤唯真互贈紀念品。

理，每一客需要一萬多元日幣的餐費，若非招待宴請上賓、貴賓、至親好友，不會捨得上這樣高貴的餐廳。此跟原先在禪院中的純粹喫茶聞法，意義是大不相同了。

當晚宴會的主人，是佛教大學的校長伊藤唯眞先生，同桌餐敘的，尚有水谷幸正、船木滿洲夫、貞包智悠、木壓良英、高橋憲昭等諸先生。

席間，繼續交談有關通信教育合作問題。我們不是要成爲佛大的分校，而是期望獲得他們的技術支援和教材指導，如果可能的話，也盼能夠彼此承認通信教育的學分和學位，以便互相派遣學生，做更高的深造研究。交談的結果，我們相當滿意。佛教大學願意提供經驗的協助，至於目標、課程、師資人員的安排，由我們自己妥善策畫，在這些方面，因爲是用中文授課，該校能夠協助的，可能不會太多。

二〇、牧田諦亮先生・東大寺

▲東大寺的大佛殿。

八月九日，星期日。

昨天晚上從「閑臥庵」晚宴出來，外面下著細雨，刮著冷風，團員們都回旅店休息或有其他的活動。我和慧嚴、果鏡二師以及廖雲蓮居士，同乘一輛計程車，於七點三十分，訪問了京都大學人文科學研究所的資深教授牧田諦亮博士。我們相識已二十多年，他是日本佛教學界一位中國佛教史的專家，他對於中國高僧傳的研究，至今尚無人出其右者。在今（一九九二）年的二月中旬，我們中華佛學研究所也請了他來擔任客座教授，主題就是他的一本著作《疑經之研究》。他現年雖已八十多歲，身體還很硬朗，我到他京都寓所訪問，是向他致謝。他也是淨土宗一間小寺院名爲念佛寺的住持，今年夏天，他的念佛寺大殿重建落成，我受邀請而未能親臨，只好送了他一幅字，表示恭賀。因此當我一進他公寓的門，就向我說：「謝謝你贈送我們念佛寺的墨寶——『念佛生淨土』。」

他在京都的寓所，實在很小，可是他的藏書太多，連他的桌子上、床鋪旁的空間，都被大堆大堆的書刊所佔據。

八月九日的上午八點，佛教大學派來中型巴士，由蛭田修先生陪同，

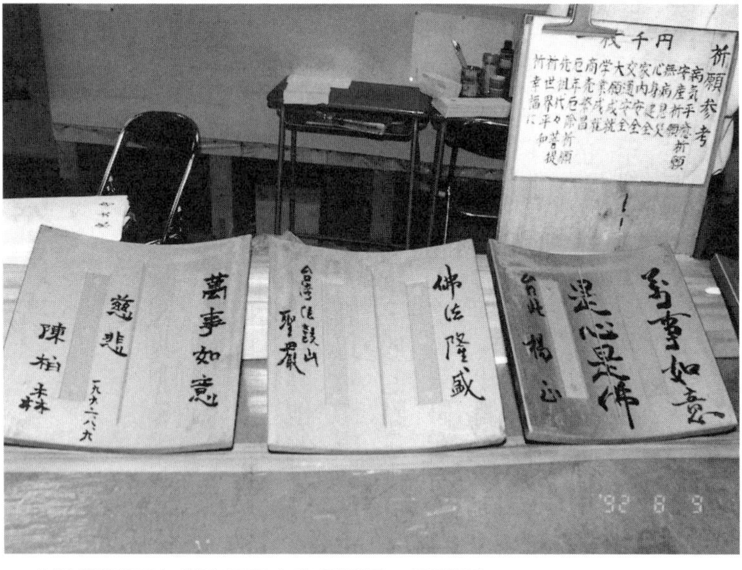

▲本訪問團三位成員在東大寺各捐了一個磚瓦。

參訪奈良的佛教名勝。

提到奈良，讓人印象最深的是東大寺前的梅花鹿，成群結隊向遊客討食。平常牠們都是散放，也沒有一定的範圍約束，我們在距離東大寺二公里外的街上，就看到一隻母鹿，徜徉在市區的下水道旁，好在日本沒有人像臺灣同胞那樣殺鹿進補，看來相當安全。

東大寺是以室內銅鑄的大佛，聞名於世。唐朝的鑑眞和尚（西元六八七—七六三年）東遊日本，曾在該寺爲聖武天皇以及文武百官，開壇授菩薩戒，那是我國高僧受到日本皇家皈信的第一人。該寺值得參觀的是一座巍峨的大殿，以及一尊盧舍那佛的巨像。大殿的規模，重疊四層，四面各有十一間，建坪一千三百五十坪，高十五丈六尺。殿內的佛像，曾經八度改鑄始完成，身高五丈三尺五寸，鎔銅七十三萬九千三百六十一斤，黃金一萬四百三十六兩。不僅巨大，也非常莊嚴。我們也給東大寺捐獻了三塊瓦。

那天上午，我們也參觀了興福寺博物館，以及國立奈良博物館的新舊兩館。寺院以博物館的形式供人遊覽參觀，當然已經沒有宗教的莊嚴氣息，但從文化及教育的意義來看，還是值得鼓勵。他們把奈良時代遺留下來的佛教文物，主要是木雕的各種佛像、菩薩像、天人像，以博物館的展示方式，供參觀者欣賞，同時也透過文字的說明，能讓參觀者獲得歷史的知識以及對佛教文物的瞭解。特別是奈良博物館從舊館到新館之間有一條兩百多公尺的聯廊，在其聯廊的兩壁陳列著木刻雕塑組合的過程，以及每個局部及單元的名稱，使人明瞭一座巨大的木雕佛像，是怎麼完成的，也可作爲增進國民的常識來看待。

二一、奈良寺院・嵯峨野湯豆腐

中午，我們在東大寺附近的一個叫作「半天」的餐館過午，那是預先由佛教大學訂好的日式素菜，每一客日幣六千元。

下午，訪問了唐招提寺及藥師寺。招提寺，是由唐僧鑑眞和尚開山創建，在寺後就是鑑眞和尚埋骨的塔院。我們特別前往做了一番憑弔，並且就地頂禮三拜。這是中國佛教之光，也是整個中華民族之光，許多人只知道有唐僧西遊，而少知道有唐僧東遊的故事。假如有人根據資料，寫一本《唐僧東遊記》，應該也是相當精彩。可惜在日本只有鑑眞的學術研究，沒有文藝體裁的小說。因爲鑑眞和尚去了日本，老死日本，他對日本佛教的影響，遠大於他在中國的貢獻，所以中國人就把他遺忘了。在日本佛教史上，提起唐僧鑑眞和尚東渡，卻是一件大事。如果沒有鑑眞的東渡，日本古傳佛教的八宗，就少了律宗。

我們參觀藥師寺時，遇到該寺一位穿著僧侶裝的執事，正要外出，我就上前向他招呼，並且告訴他，我們來自臺灣，他非常歡喜，並且指著他們的大殿和後殿說：「臺灣太好了，臺灣的信徒幫我們重修了這兩座佛殿。」我們臺灣的善信處處種植福田，雖然是屬於佛教的信仰，也是做了國民外交和文化使節。信仰沒有國界，覺得應該做的，隨時要做。

下午四點四十分，原車返回京都，進入市區，已是萬家燈火，在暮靄中到了桂川之濱的臨濟宗天龍寺境內，那兒有一家日式的餐館，是以豆腐料理聞名於世，它的名稱是「嵯峨野湯豆腐」，環境相當幽靜，日式的平房，外面圍著枯山水庭院，院中還有一艘二次世界大戰期中日本軍閥用的自殺魚雷遺骸，叫人看來好像是一個內海。

晚餐費用是每客日幣五千元，光吃豆腐；若有誰不夠吃，也可以再

▲作者頂禮致敬鑑真和尚塔。

要。那種清湯豆腐的確好吃，豆腐柔嫩，湯汁鮮而不膩。

當晚，京都大學人文科學研究所的竺沙雅章教授，以及北京社會科學院宗教研究所的楊曾文教授，也在那兒相見共餐，因爲竺沙先生是慧嚴法師的論文指導老師，楊曾文先生由於我們的第一屆中華國際佛學會議曾邀請他，而提供了一篇論文，並且和我通過幾次信，他是中國大陸佛教學者之中，出國機會比較多的一位，當時正好以京都大學客座研究員的身分在日本做訪問研究。他正準備要寫一部日本佛教史。而我們中華佛學研究所也正準備邀請竺沙雅章到臺灣擔任短期的客座教授，當晚相見，彼此談得都很愉快。我見楊先生非常斯文，而他給我寫信也很客氣，所以讚他是一位謙謙君子。但他立即向我更正說：「法師，非常抱歉，我很自負。」這大概就是學者的風度吧！待人不失禮節，所以看來謙虛，對

▲湯豆腐餐館前院的自殺魚雷軀殼。

▲在京都吃湯豆腐，右起楊曾文、作者、竺沙雅章、慧嚴法師。

自己的成就很有信心，所以自負。

從昨天到今天，連續四餐均由佛教大學招待，而且付錢相當的快，每到一處，購買門票，也是蛭田先生一路搶先，我讓我們的總務走快一點，蛭田先生知道我的意思之後，走得更快。

當我告訴他：「如此的盛情使我覺得不安。」

他卻回說：「如果達不成任務，就要使我爲難。」

我們也就只好領受了他們盛情的款待。正如水谷幸正先生所說，我是臺灣法師之中最受他尊敬的人！不論怎樣，他們的待客之道，可謂非常隆厚，我們只有用其他的方式來作爲回報了。

晚餐之後，回到旅館，即約同李志

夫、方甯書兩位教授，以及惠敏、慧嚴兩位法師，討論這次訪問佛教大學的心得，最後作成三點結論：

（一）中華佛學研究所學術研究重點，當依科目為中心，以老師來穩固這個中心，請惠敏法師動腦研究，盼在一年內完成計畫。

（二）中華佛學研究所成立函授教育部的籌備事項，宜先派專人到京都佛教大學見習，而後成立籌備處。關於此點，需先物色適當人選，並取得佛教大學的同意。

（三）法鼓山未來的教育方針，必須早做確定。

二二、黃檗山萬福寺

八月十日，星期一。

這天佛教大學，改派了一位秘書田村女士，帶來一輛該校的大型客車，於七點四十五分，到達新京都旅館門口。因為中型巴士另有安排，所以讓我們坐得更加寬敞。當天第一站，訪問京都郊外宇治地方的黃檗山萬福寺。我們於九點三十分抵達該寺。那是另一座由中國高僧在日本所建的道場，根據辻善之助所著的《日本佛教史》第十章第十二節的資料，在中國的明末清初之際，由於政治的混亂，為了避難而東渡日本，歸化彼邦的僧侶、學者、藝術家，人數很多，有名字可查的即有五十多位，其中的僧侶就佔了三十八人之多。儒家學者以朱舜水為代表，僧人之中最有成就的人，是黃檗山萬福寺的開山隱元隆琦（西元一五九二－一六七三年），一俗一僧，為日本的江戶時代，帶來了新文化的新血輪。朱舜水對於德川幕府的貢獻，隱元對日本佛教的建樹，是在日本近代文化史上的兩大巨擘。

隱元隆琦出身於中國臨濟宗的法統，參禮密雲圓悟，得授心印，後繼費隱通

▲萬福寺門前「不許葷酒入山門」石幢。

▲隱元禪師畫像。

容住持福建省的黃檗山，達十年之久，大振禪風，復興古道。在清世祖順治十一年（西元一六五四年），率門弟子二十一人東渡日本，結果就在京都北郊的宇治地方，創建了萬福寺，爲了紀念他福建的祖庭，故名爲黃檗山。他在中國的年代，稍晚於蓮池大師雲棲袾宏，故其頗受蓮池所倡「禪淨合一」思想的影響，與古來的臨濟宗風已有不同。他到日本之時，亦不能與早期傳去日本的臨濟宗相合。

但是，早期傳到日本的臨濟宗，此時已經墮於貴族化的文字禪，失去了禪宗的生命力；日本的曹洞宗也到了萎靡不振的程度，那是日本禪宗的黑暗時代。由於隱元的到來，卻爲禪宗放了一大光明，也透露了一線革新的曙光，使得日本的禪宗得到甦醒的機會，而產生了如白隱禪師等許多位傑出的日本禪僧。這是由於隱元抵達日本之後，一邊遭受舊派禪僧的排斥，同時又受到許多日本禪僧的歡迎及參謁。例如：臨濟宗妙心寺的禪僧龍溪、禿翁、竺印等人，禮請隱元禪師到妙心寺，再轉往普門寺，後來也由於龍溪的關係，將隱元帶到江戶，也就是現在的東京，於西元一六五八年，面見了當時的實權者——將軍德川家綱，而受到幕府的信賴。第二年返回京都，得到德川家綱以山城宇治的土地見賜，作爲建設伽藍的寺基，到了西元一六六一年建寺完成，那就是萬福寺。從此該寺就和原有的臨濟、曹洞二宗並稱，而成爲日本禪宗的第三大派。此後該寺的住持，直到第八代以後，還都是以中國歸化日本的僧侶擔任。據日本的友人

▲隱元禪師塔院前作者致敬。

相告，在民國三十四年（西元一九四五年），日本戰敗之後，即有意將日本黃檗山萬福寺交由中國的禪僧繼承，可惜當時中國派去日本的接收大員對於此事沒有興趣，所以將此案擱置下來。直到目前還是由日本的禪僧負責照顧。

我們到達該寺，沒有見到他們的貫首，而由知客廣瀨照城接待，沒有見到多少僧人，卻讓我們參觀了禪堂及大殿等建築物；它的空間配置和法物的設置，就跟現在中國大陸的禪宗寺院相同。那是明朝寺院建築的形式。我也特別要求，希望到隱元禪師的墓前致敬。那位知客見我就地禮拜，禁不住的跟我們隨同人員稱讚說：「畢竟中國來的大德法師，與眾不同，會在我們的祖師墓前頂禮。」這是他記憶之中從未發生過的事，一般的學者或訪客，到了墓前最多合掌鞠躬，難有可能就地禮拜。

其實我到黃檗山的萬福寺，這已是第三次，每次都相同，除了參觀寺院的建築和環境的情況，我也對於隱元禪師這樣的高僧，抱有崇高的敬意，因為他到日本能夠影響他們而復興了禪宗，像我這樣的人到日本能有什麼帶給他們，影響他們呢？相反的倒是去向日本學取他們的經驗和長處所在，在慚愧之餘，相形之下，怎麼能不對先賢隱元禪師這樣的高僧致敬禮拜呢？

二三、寶藏院的《鐵眼藏》

上午的時間，實在太短，可是還有一個地方，必須去參觀，就是在附近的一座「寶藏院」，那是隱元禪師的弟子鐵眼道光（西元一六二七——一六八二年）駐錫之地。他於西元一六八一年在這裡完成了全部共有六千七百七十一卷《大藏經》的刊行，這在日本佛教的藏經史上是一大盛事。他原來是淨土宗的僧侶，後來親近隱元，再追隨隱元的弟子木庵性瑫。經過六年的時間，完成這麼大一部藏經的刊刻，絕不是一樁簡單的事。在這以前，日本另有一部海天版的《大藏經》，而《鐵眼藏》卻有普及性的作用。而鐵眼禪師另一件值得稱頌的事，是在西元一六八二年，日本的畿內地方，發生大饑荒，他領導救濟運動，做了施粥、給錢的善事，恩澤一萬餘人，本來那些錢是要用來刻經的，結果用去救災，後來經也刻了，災也救了。作為一個出家人，能夠關心佛法的普及，以及饑荒的救濟，能有這樣大的成就，所以被人稱為「救世大士」。

我們參觀的寶藏院，是兩層樓的木造建築，像寺院，也像庫房，又像工作坊，到處堆滿了一架一架的木刻經板，據說共有六萬塊。一塊經板等於一張紙的八開大小，那就是一張活頁紙的兩面。目前他們的住持是八十三歲的奧田行朗，已是第五十八代，我們沒有看見。只有一位擔任執事的老人，爲我們介紹寶藏院的歷史，以及鐵眼版《大藏經》的雕刻經過、保存現況。鐵眼的時代，跟中國明末的紫柏大師（西元一五四三—一六〇三年）相去不遠，紫柏倡印方冊本的《磧砂藏》，鐵眼創印活頁本的《大藏經》，都是爲了使得佛法普及和便利流通。雖然一位在中國，一位在日本，他們的用心卻是相同。

▲寶藏院的《鐵眼藏》。

這座寶藏院的負責人，爲了使得前往參觀的遊客，有既入寶山不得空手而回的滿足感，除了備有簡單的說明資料，還在樓下請有專人，現場操作，用黃色的綿紙，即時爲遊客印刷木板的活頁經文。我們離開之時也各人得到一張；那只能當作紀念不能拿來研究或讀誦。因爲僅是某一部經的一塊板所印出的一頁，滿足一般遊客的新鮮感，已經足夠了。

二四、《中外日報》‧其中堂

我們離開了寶藏院，立即上車，從京都的北面，開往京都的南區，按早已安排好的行程，參觀《中外日報》社。那是一家週報，工作人員和老闆都是佛教徒，也是各佛教關係大學專攻佛教學出身的一群居士，他們不屬於任何一宗一派，可算得是獨立的一家報紙，甚至於不完全站在佛教的立場，也經常報導其他宗教團體的相關新聞。我在日本留學時代，也曾爲該報寫過一篇文章，介紹印順法師的《中國禪宗史》，目前臺灣也有他們的支部負責人，由楊林寶璧居士擔任，他們也常常派遣記者隨同各種佛教訪問團，到世界各地採訪。慧嚴法師跟他們非常熟悉，我們前往拜訪的目的，是希望學到一些先進的報刊編印技術和觀念。

上午十一點二十分，我們到達該社，由其營業局長土口哲光、編輯局主任及編輯委員等數人接待。當我們參觀之後，發現他們的工作人員不多，所用的器材尚沒有那麼的尖端化，不過已在使用電腦編印以及傳眞影印。

可是在日本這樣非常重視宗派的宗教環境下，要想獨立運作，推動宗教文化事業，並不是沒有困難，他們原先的確是抱著中立和獨立的態度來爲各宗各派的佛教及其他宗教服務，現在則受經費來源的影響，而有漸漸偏向於爲日蓮正宗做喉舌的色彩，所以有若干教授已對該社表示不滿，這是非常可惜的事。看樣子這家報紙，要想突破目前的困境，必須拿出智慧來。

中午，我們被慧嚴法師帶到新京都旅館附近一個巷內的日本式食堂過午，大家吃了一份油豆腐蕎麥麵。

下午，我們的訪問團就地解散，自由活動。我跟惠敏及果鏡二師，到寺町逛街，目的是去一家老書店「其中堂」。我跟惠敏相約，只看不買，因爲那家書店是有名的專賣貴書，而且六親不認，沒有折扣，也不親切，如需要書，可向東京的山喜房佛書林訂購。結果我們進入書店之後，可想而知，從書架上拿了一本又一本，本來只準備看，結果非買不可，因爲只有這家才可以買到這些好書及舊書。可遇而不可求，豈忍失去機會，終於把我們身上所有的日幣全數掏空，還覺得意猶未盡，只好趕快離開。

二五、興聖寺

八月十日下午，從書店回來，覺得時間還早，惠敏法師提議去參觀興聖寺，是一座禪宗的古寺。因爲我們中華佛學研究所，有一位同學開智比丘尼，現在京都留學，免費借住於該寺；並且知道《六祖壇經》的古版本中，有一種叫作「興聖寺本」，曾由鈴木大拙刊行，原是在該寺所藏，而被現代學者所發現。所以對我顯得相當重要。

所謂「興聖寺本」《六祖壇經》，又叫作「惠昕本」，它是現存《六祖壇經》的四種版本之一，另外的三種是「敦煌本」、「古本」、「至元本」。

由於「興聖寺本」的《六祖壇經》，有一篇惠昕所寫的序文，因此名爲「惠昕本」。共分二卷十一門，考證其編定時間，爲宋太祖乾德五年（西元九六七年）五月。

此「惠昕本」《六祖壇經》，於北宋徽宗政和六年（西元一一一六年）再刊，傳入日本之後，被稱爲「大乘寺本」。其後，又有南宋高宗紹興二十三年（西元一一五三年）刊本，傳入日本，則被稱爲「興聖寺本」。「大乘寺本」與「興聖寺本」，品目與本文，雖有多少修改，然分爲二卷十一門，是相同的，都是由惠昕寫序的編本。

興聖寺，在日本有兩座，一座在山城，一座在京都市內的上京區，我們所講的就是京都的那座。它的開山祖師叫作虛應圓耳，他初學日蓮宗，後學天臺教觀，最後於建仁寺閱讀《大藏經》時，忽有契悟，因此而轉變爲禪宗，屬於日本臨濟宗的相國寺派。該寺始於西元一六〇三年，初名大昭庵，後稱興聖寺。那是一個禪、教、密兼修的道場，而較重於禪誦。這次我們在該寺禪堂內的右側，也見到了這位圓耳禪師的木雕像。到西元一六一九年，他的上足無關禪師繼位，大力舉揚禪門宗風。到了西元一六二九年，該寺受後水尾天皇勅爲一派的本山。可見這個寺院，曾在日本佛教史上佔有重要地位。

我去興聖寺的另一原因，是感謝開智師的熱心。因我這回到京都，事前雖然已給正在京都大學留學的比丘尼弟子果賾通知，到了京都卻沒有見到她出現，我給她打了電話，也不得要領。正好八月八日的一大早，開智師來旅館看我們，我就託她去找一找果賾師，總算被她找到了，一起陪了我們兩天。果賾是政治大學中文系畢業，在農禪寺出家，又在中華佛學研究所畢業，兩年前考取日本交流協會公費留學，而到京都大學人文科學研究所深造。她的心地很好，也有道心，就是少一些人情世故。

開智師這樣熱心，我更應該去看看她掛單的地方，她一直很認眞的在求學，早期在佛學院畢業後，就讀中華佛學研究所，經過三年的學程，再到日本。

開智師去日本讀書，也沒得到多少人的幫助，住在興聖寺雖然免費，但得隨眾作務。該寺面積雖然不大，住眾卻很少，據她告知，該寺每天要早睡早起，有晨坐、早課、晚課、晚坐，另有環境清掃以及飲食的準備。除了上學之外，在寺內能夠自修和讀書的時間很少。西諺說：「天下沒有白吃的午餐」，日本也沒有白住的寺廟。這應該也是公平，互助互惠，相輔相成，才是社會運作的常態。

下午四點半，我和惠敏法師到達興聖寺時，因爲方丈外出，僅見到一位新出家的教授。當天下午適逢一家公司在那兒借用場地，舉辦喪禮，這使我們見到日本本人出席喪禮時，不論男女，都會穿著黑色整齊的禮服，手持短串的念珠，莊嚴肅穆，沒有像中國民間用鼓號樂隊，而且中西雜陳，尤其是送喪的行列，往往鬧得天翻地覆，弄得沿途民家雞犬不寧。

開智師帶著我們參觀了興聖寺大殿，就是他們的禪堂。內面的座位，採用長連床的方式，不過其寬度只能供給打坐，無法作爲睡覺的床鋪。這座禪堂的特色，是四壁都圍以白色棉紙糊成的窗戶，光線相當柔和；特別是在東西兩側，每一條長連床盡頭處的牆壁上，開有通風的小門，故在禪堂打坐，空氣非常新鮮，夏天也很涼爽。我在那兒也坐了幾分鐘，感覺上相當不錯。可見，能夠保留了三百八十九年歷史的古寺，一定有它的地理環境及建築配置上的優點。目前的該寺雖然面臨一條交通頻繁的大街，可是一跨進寺院的大門，又讓人有塵囂盡除、遺世脫俗的感覺。

但是當我們離開之時，才知道開智師在那兒住了一年多以後，現在爲了趕功課，已經搬了出來。偶爾遇到寺內有事，她還是回去幫忙，以致讓人覺得她仍是興聖寺的常住眾一樣，因爲她在那兒，處處熟悉，樣樣知道，爲我們的參觀帶來了不少方便。

二六、綜合檢討會

八月十日晚上八點至十點，我們集合了全團人員，在新京都旅館的咖啡廳，開了一次綜合檢討會，針對一週來的訪問所得與所感，對於法鼓山的興建，不論在建築設施及教育設施等各方面，凡有足以參考之處，均請諸人提出寶貴的意見。所得的結論，有如下的九點：

（一）立正大學的新講堂，都用石材少用木材，它的特色是石材的顏色和檜木相同，使得一眼看去無法分辨，那種色調的統一，令人感到非常的柔和，而講堂中的椅背和椅墊，採用鮮紅的顏色，使人感到清新活潑與溫馨的氣息。

（二）駒澤大學的禪堂，前廊的空間以及側面迴廊的更衣室、鞋履櫃，都相當寬大，但是沒有四周的迴廊。爲了爭取空間，禪堂內的禪坐位置，中間加隔短板壁。此對法鼓山而言，可以參考，但需改良。

（三）黃檗山萬福寺，四通八達的長聯廊，值得參考。

（四）日本庭院的幽靜和溫馨，富於趣味而不失高雅，格局的範圍，值得取法。枯山水的設計可能不適合多雨的臺灣地區，但是多培植一些苔蘚的景點，可以考慮。

（五）水資源的珍惜，和循環的利用。

（六）聯廊分有室內和室外，開放和隱閉。

（七）大眾使用的室內建築物，包括講堂、禪堂、會議室、教室的迴音、吸音、傳音和聚音，以及各種音響裝置的插頭、路線位置，要有恰到好處的安排。

（八）注意室內的光線，白天盡量採用自然的光線，用各種明暗面、正反面的折射作用，達成充分利用太陽光線的效果，以及陰雨天及晚間的照明設備，當細心設計。

（九）室內外的草木、花卉，應做適當的培植和配置。

以上是我們在日本參觀考察之後的幾點心得，當然還需依照法鼓山本身的地理、氣候的環境，再考慮到防風、防潮、禦寒等的設施。

另外，我在這次的檢討會中，也提出了我們中華佛學研究所面臨的三項危機：1.本所畢業的學生不能頒授由政府承認的碩士學位，可是各公私立大學已在設立宗教學系及宗教研究所，本所招生的來源，勢必越來越困難。2.由於本所的老師，無法取得教育部公認的資格，本所培養出來的優秀學生，到國外深造取得學位之後，很難願意回到本所服務。3.由於本所的研究人員，無法具備政府認定的資格，就很難聘請到優秀的研究人才。由於面臨這三項難題，等於使我們的研究所面臨到了停辦的命運。

因此，我又向隨行的全體人員宣布五點對策：1.本所盡力向教育部及立法院，呼籲爭取在立法及行政兩個部門，取得承認學生學位及教師資格的可行性。2.以本所現有的設備和條件，尋求和其他公私立大學合作的可能性。3.將法鼓山的中華佛學研究所擴展爲獨立的人文社會學院。4.放棄招生，不做培養研究生的工作，專做研究發展的工作，以個案的方式和個人的方式，來推動佛教的研究計畫。5.專辦成人的課後教育及函

▲奈良寺院圖案精心設計的人行步道。

▲萬福寺的聯廊。

授與空中教育。

這些都是使人頭痛的問題，我們必須一個個地努力來解決。世間事沒有一樣沒有困難，只要有信心去做，至少也可做出一些成績來的。針對以上的五點，我們都在積極進行中。爲了佛教的前途，及國家社會的明天，我們沒有別的選擇。

値得我們安慰的是，當我們的日本友好訪問團回國之後，經過兩個月又十八天，便得到教育部召集各相關單位所組成的會勘小組，到達法鼓山，爲我們的「私立法鼓人文社會學院」建校地址及其條件，做了實地的勘察和瞭解。事實上，教育部已經接受了我們設立人文社會學院的申請案，這是一樁非常令人振奮的事。

開完會之後，有人看到我非常疲累，便向我建議：「師父，何必要勉強辦這些教育，能夠弘揚佛法、廣度眾生就好了，一個人的精力、時間是有限的，做了那樣就不能做這樣。法鼓山建成之後，師父也應該老了，那些教育的工作，讓給後人去做好了。」他的建議，我能夠理解，也非常感動，但是今天我能做而不做，我們的環境許可做而不做，這不是眞正學佛者的態度，跟菩薩道不相應。如果因緣不許可，當然不強求，今天臺灣的環境以及我們僧俗大眾的向心力，都是大好的因緣，何況我當年出國深造，受高等教育的目的，就是爲了要提昇佛教的層面，栽培佛教的人才。

二七、禪七・電視臺・中學・禪修營

這次在國內的三個月期間，除了曾去日本訪問一週，尚有不少比較重要的活動。

從七月二十三日到三十日爲止，主持了臺灣的第四十四期禪七，共一百七十六人參加。爲了培養弟子們助人禪修的能力及信心，故將例行的「小參」方式做了一些調整：先由果醒、果鏡、果祥三人，分別接談，若有他們三人解決不了的問題，才來找我；其次，我也會接見每一位禪眾，不過是以十人爲一個梯次，若有相同的問題，只要一人發問，其他九人都能聽到。事實上，在禪七之中，有關身心、方法、觀念等可能發生的問題，都會在我早、中、晚的每次開示之中，做了提示。用這樣的方式，我就不致那麼吃力，大眾也照常能得受用。

這次我在國內三個月期間，曾在電視上出現了八次，由於國際會議、剃度典禮，及大型演講，都有電視記者來做錄影採訪。同時有兩個非常叫座的電視節目，讓我和觀眾見了面。

一是中視的「女人、女人」節目，於八月一日晚間，由趙寧先生主持，並邀立法委員丁守中、作家洪啓嵩，跟我對談。湊巧趙寧是星雲法師的皈依弟子，丁委員和洪先生都曾跟我學過禪坐，所以很有默契，播出的效果很好。沒有想到，一個老和尚進入「女人、女人」中去軋了一角。其實這個節目不僅是給女人看，他們的角度相當的寬廣。

另一個是中華電視臺，由李濤先生主持的「新聞廣場」，在八月二日的上午十點至十二點，現場播出，主題是「如何建立祥和的社會」。跟我同臺接受訪問的是一位美國神父，那是天主教光啓社前任社長丁松筠。以李濤和丁神父的知名度及收視率而言，請我來參與，無疑有點冒險，丁神父會彈、會唱、會演、會主持節目，是螢光幕前的個中能手，而我僅僅偶爾客串，怎能和他們相比。幸好，播出的結果，觀眾反應還可以。一般的意見是說，我的談話內容有深度，丁神父的神態有吸引力。我由於連日來的勞累，而且前一天剛從榮民總醫院檢查身體出院，抽了血，又做了胃鏡和直腸鏡的檢查，感到非常虛弱。當我進入華視攝影棚時，又遇上那麼強烈的冷氣，使我既發抖又咳嗽。在一個小時接受訪談的過程中，我的氣力不足，無法放大聲音，距離麥克風又遠了一點，可是我並沒有當場暈倒，隨同前往的僧俗弟子們，事後都還說「很好」。我想也許是因爲他們是我的弟子吧！

到了八月十五日，我又被華視邀請去擔任一場「宗教與教育系列演講」的主講人之一，我講的題目是「自私與無我」，借他們的華視大樓視聽中心，做了一場錄影演講。雖然現場聽眾只有兩百多人，而在播出之時，據說有相當高的收視率，並且還可能會重複播出，或者送到海外播出。

另外，我也上了華視的「寶島風情畫」以及「關懷臺灣系列」的節目。在電臺方面，我接受了臺北教育電臺的訪問、中廣「螢橋夜雨」及「傳遞文化的薪火」的專題訪問。

此外，這次在臺灣除了一般的演講之外，尚有兩場特別演講，第一場是九月十四日應邀到臺北第一女子中學做專題演講，那是由該校校長丁亞雯女士主持的週會，用四十分鐘演講，十分鐘問答，講題是「宗教信仰與人生成長」。另一場是九月三十日星期三的下午，接受新竹中學的邀請，對他們全體學生，做了一場演講，題目是「宗教信仰與人生」。前者是女校，後者是男校，而且都是臺灣一流的公立中學。

臺北一女中前任的校長是呂少卿，現任的校長是以前的訓導主任。我國諾貝爾獎得主李遠哲博士就是新竹中學畢業的，現在天普大學任教的傅偉勳博士，也是竹中出身。

我會答應去做這兩場演講，既出乎我自己的意外，也使很多人驚訝。因爲這兩年來，許多大專院校的邀講，我都因爲無法分身而一一婉拒，何況對象是中學生？可是我在接見北一女中訓導主任鄭志奮女士時，就自然而然地答應下來；當我受到竹中的校友葉榮嘉建築師代該校邀請之時，也很爽快的答應了。在這兩校講出時的效果，非常良好。最初有不少學生交頭接耳，當我讓他們舉手調查有多少自認爲是佛教徒的，兩校都不出十分之一，甚至於二十分之一，他們似乎無心要聽一個老和尚念什麼經，但在五分鐘之後，大家都安靜了下來，同時從臺下的掌聲和笑聲中，可以證明他們是在聽，聽懂了，而且很歡喜。演講後兩校都有學生發問，問得相當聰明，由此可見，好學校就有好學生。

此外，值得一提的，這次回臺灣，於九月十七日至十九日的三天之間，辦了第二次的社會菁英禪修營，被遴選參加的有三十八位，很有特色。例如通常參加我們禪七的人，總是女眾佔的比率較大，男眾往往只有二分之一到三分之一，菁英禪修營則恰巧相反。今春第一次的禪修營，女眾只有九位，這次第二屆的女眾還是九位，比率是四分之一。不過不論男女，多半很認眞，亦很優秀，現將第二屆的名單介紹如下：

姓名	服務單位職稱
張芳民	中國生產力中心，中油顧問
簡錦松	中山大學副教授
楊　正	味丹關係企業副總經理
陳宏宇	臺灣大學地質系副教授
楊正雄	泉盈股份有限公司董事長
林阿煙	薪傳建設股份有限公司總經理
古漢忠	忠潤企業有限公司負責人
林武堂	省住都局衛工處處長
陳黃淑惠	大眾商業銀行董事
董美惠	經濟部國際貿易局技正
楊麗香	臺灣北區電信管理局電話費查詢中心管理師
陳秀允	元富證券公司總經理
尤雪萍	英商渣打亞洲股份有限公司副總經理
張麗姿	宏廣股份有限公司財務部協理
潘維剛	中華兒童育樂福利促進，北市市議員，立法委員
黃銀滿	《中國時報》資料室主任
陳淑瑛	北投國中輔導主任
楊英風	楊英風事務所董事長

林哲生	洪建全基金會文經學苑苑長
方振淵	統一翻譯公司董事長
薛鳳枝	順昌倉儲股份有限公司董事長 順大金屬股份有限公司董事長
劉植生	《中國時報》財務長
戴萬鐘	福堡建設公司常董
謝敬義	臺灣電力公司地質工程師
王景益	勤業會計師事務所主持會計師
葉榮嘉	葉榮嘉建築師事務所建築師
紀德旺	紀德旺律師事務所律師
羅森棟	臺灣省政府新聞處長
林鐘英	統一超商股份有限公司協理
朱　楠	臺灣高等法院檢察署簡任檢察官
張溫昌	生產力建設董事長
賴南貝	統一超商股份有限公司經理
劉偉剛	太設企業股份有限公司總經理
陳榮河	臺灣大學土木系教授
黃燦輝	臺灣大學土木系教授
杜夷波	雷騰資訊有限公司經理

經過三天的禪修活動，他們的感受和心得，雖有點辛苦，但非常值得。這些人之中，有的對於禪或佛教完全陌生，有的小有基礎，但也有若干是抱著渡假的態度上山，結果都能帶著健康的禪修方法和正確的佛教觀念，回到他們的工作崗位，並將有助於他們在事業上的發展及對社會的貢獻。這次的課程項目，大致和第一屆相同，但其進行的方式、講解的內容，並不相同。這也跟我主持禪七的情況相似，我在東西兩個半球主持禪七，已經超過百次，我的開示內容，還沒有一次是完全相同的。

二八、法鼓學院・香港

這次在國內，還推展了另一個計畫，那就是積極地籌備「人文社會學院」的成立。這也是我們期待已久的事，政府的教育政策，多年來一直重視科技發展，重視理工人才的培養，以致形成人文精神及社會品質的墮落，如今開放人文學院的准予設立，實在是臺灣社會的大喜訊。我們法鼓山在不影響原先構想的原則下，也正好可以配合這項計畫，期能爲國家社會多貢獻一份力量。

我們得到臺灣大學外文系高天恩博士的協助，邀請到臺灣大學外文系的宋美華教授、社會系張志銘教授，政治大學西語系陳長房教授，淡江大學西班牙語系吳寬教授，東吳大學社會系趙碧華老師，給我們建議策畫外文系及社會環保系的籌備工作；同時也得藍吉富老師的協助，以及美國羅格斯大學宗教系于君方教授等的承諾，安排了宗教系的人事及課程。尤其是方甯書、李志夫兩位教授的偏勞奔走，以及吳果一居士的文書作業，故能於很短的兩個月內，就將申請案送到了教育部。

我又抽空去了一趟香港，即八月二十九日到三十一日的三天之間，這是我第四度接受香港佛教青年協會導師暢懷法師的邀請，做大型的弘法演講。跟去（一九九一）年相同，還是借的尖沙咀文化中心。講了三個晚上的《金剛經》，每場都有兩千多位聽眾，應該說是坐無虛席，而且還在八月三十日的下午，加了一場，使那些一票難求的聽眾，有機會見我一面，同時爲兩百多人舉行了三皈依的儀式。

參加接待、護持法會及擔任粵語翻譯的法師、居士，還是去年的原班人馬，使我更加得心應手，賓至如歸。

香港佛教界舉辦類似的大型演講，首開風氣之先驅，就是佛教青年協會。他們爲了請我弘法，第一次即租用北角大會堂，到了近一千位聽眾，那是一九八八年的七月。第二次是一九九〇年十月，場地移至沙田大會堂，每晚到的聽眾，超過一千五百位。第三次及第四次，是一九九一年九月及一九九二年八月，借用尖沙咀的文化中心，每場的聽眾，都在兩千人以上。最近兩年內，香港佛教界，還舉辦了近兩萬人的大型演講，可是在我以前，香港尚未舉辦過類似的大型演講。在香港打開大型弘法活動的風氣，能爲香港的社會大眾，帶來正信的佛教，並對佛教獲得正面的印象，對我個人雖然辛勞，卻是值得欣慰的事。

一九九一年九月，我在香港，就已受到香港僧伽聯合會會長永惺法師的邀請，他準備以他們「此岸與彼岸基金會」的力量，爲我借到香港紅磡碼頭體育館，舉辦三個晚上的弘法大會。星雲法師去年那場近兩萬聽眾的大型演講，也是由這個基金會主辦。結果由於我自己沒有把握是否也能夠號召到這麼多的聽眾前去聽講，所以婉謝了。

想不到這次我去香港，永惺法師舊話重提，我還是未敢接受。直到目前執筆寫這篇文章時，已由丁珮居士越洋電話告知，確定是明（一九九三）年八月下旬，永惺法師爲我租借伊莉莎白會館，演講三晚，每場可以容納三千多人。以此看來，我是一個不夠自信的人，其實我對自己的演講有信心，而對能否在香港吸引到那麼多的聽眾則沒有把握，我一向主張逐步成長，比較不會那般吃力，也不致造成主辦單位的失望。

二九、法鼓傳薪

九月二十六日至二十八日的三天之間，舉辦了第三屆「法鼓傳薪」集訓活動。前兩屆是在法鼓山舉辦，只能容納七十多人。那是以中華佛學研究所護法會小組長以上幹部為主而做的精神教育。以禪坐的修行貫串全程，由我的開示為學習的重點。

今（一九九二）年，由於參與法鼓山護法會的人數逐日增加，幹部的成員也多了起來，同時為了養成法鼓山體系幹部們的共識，所以這次的對象，擴大到農禪寺的住眾、研究所的職員、出版社的同仁，共計兩百五十人，所以借農禪寺舉行。

「法鼓傳薪」的名目，雖歷次相同，所授課目的內容，卻前後各異。這一屆的主題是「法鼓山萬行菩薩的共識」，包括四個項目：

（一）佛教的基本條件是什麼？分為三點：1.以佛、法、僧三寶為中心，2.以人間為本位，3.以信因果、明因緣為原則。

（二）重視人間的倫理建設，分為三點：1.世間的倫理：就是父子、夫婦、兄弟、師生、朋友、主從等。2.佛教的倫理：就是比丘、比丘尼、沙彌、沙彌尼、式叉摩尼、優婆塞、優婆夷等。3.盡義務，負責任，不爲私利權力爭執。

（三）宗教的層次，分成三級：1.世間的宗教：就是鬼神迷信、世俗化、梵天化的信仰，都是以「我」爲中心，所以不究竟。2.由淨化自我而超越自私，那就是從苦、空、無常、實證無我解脫的佛教。3.菩薩行的人間佛教：善用人間的名、利、權、勢、位，以利人濟世，而不爲自私追求。既能安貧樂道，又不拒富貴榮華。富而能仁，貴而能慈，那就是有大福德的萬行菩薩。

（四）萬行菩薩的禮儀，分爲三點：1.心儀：那就是知恩、懷恩、反省、知足、慚愧、懺悔。以佛菩薩的心願爲準則，以明察煩惱，消歸自性爲修行。2.身儀：那就是舉凡行住坐臥，待人接物，應對次第，都該做到合乎佛教徒的身分。包括如何合掌問訊、五體投地、呈獻侍奉、禮待尊長貴賓，上下舟車，前後行路，左右坐位等。3.口儀：包括平常言談應對，請示答問，當常用尊敬誠懇語，要養成禮讓、謙虛、和藹、熱心的習慣，並且常把「阿彌陀佛，謝謝你」、「師兄師姊，對不起」，掛在口頭。時時練習「請教你、對不起、謝謝你」的三句眞言；常常要用「好的、很好、非常好、太好了」四種布施。

法鼓山的萬行菩薩，學著修行萬種法門，學習著觀想自己是無相無我的無位眞人，所以也要學著做一個見人低一級的謙謙君子、無諍道人。學會以上的心、身、口三種禮儀，就能自利利人，移風易俗。若盼他人認同法鼓山，必須先以法鼓山的禮儀感動他人；運用心儀、身儀、口儀，達成言教、身教、心教的化世功能。

三〇、我們都是「萬行菩薩」

在今（一九九二）夏以前，我們對於給法鼓山發心做工而不計薪酬的人，稱爲「義工」，乃是指的義務工作者，這是順隨世俗的用法。中國儒家的孔孟之學，即以仁義二字，概括道德行爲，所以，凡是不計私利而爲公益所行的好事，都可稱爲仁行義舉。

可是在佛法的用語中，與「義工」相當的，便是「菩薩行」，而菩薩行的涵義，比較義工更爲深廣。何謂菩薩行？便是指的修行六度法門及四攝法門的發心菩薩，六度的內容，是指布施、持戒、忍辱、精進、禪定、智慧（正知見）的六個項目；四攝的內容，是指布施、愛語、利行、同事的四個項目。其實此二法門已攝一切善行的一切功德，故在《仁王般若經》卷上，有「六度四攝一切行」的連用語。在中國大乘各宗，便有使用六度攝萬行的語句，例如《鎭州臨濟慧照禪師語錄》，就有這樣的句子說：「諸方說，六度萬行，以爲佛法。」這種觀點，在《維摩經》說得更加清楚。

菩薩行，即是眾生成佛的正因，所以《維摩經．佛道品》的末後第三偈說：

「如是道無量，所行無有涯，智慧無邊際，度脫無數眾。」其中的第二句「所行無有涯」，便是說成佛之道，當具萬行的意思。然後《維摩經》又於〈菩薩行品〉中說：「如菩薩者，不盡有爲，不住無爲。」菩薩能夠在淨而淨，處穢而穢，所以不盡有爲；菩薩僅是應彼而動，於「我」無關，所以不住無爲。「不盡有爲」是心無染著，但仍在凡夫的環境中共同生活，「不住無爲」是雖已解脫，但卻不會逃離眾生的生死苦海。因此，〈菩薩行品〉又說：「教化眾生，終不厭倦，於四攝法，常念順行，護持正法，不惜軀命；種諸善根，無有疲厭。」這便是說，菩薩行者，當常以四攝法，廣度眾生，永不厭倦；菩薩行者爲了護持正法及種一切善根，不僅永遠不會感到疲倦討厭，甚至可以不惜以身相殉。這都是指的菩薩當修一切行，那就是萬行。

我們法鼓山的義工群，雖尚都是凡夫，卻已跟未信三寶的凡夫不同；雖不能立即具足菩薩的萬行，我們既是大乘佛教的三寶弟子，既在皈依典禮中，已跟我念誦四弘誓願，就算已經發了無上菩提心的初發心菩薩，從現在起，能做多少算多少，盡心盡力，不急不怠，到了成佛之時，必定具足萬行。猶如雞在蛋中時，已有成爲雞的因素；我們凡夫只要發菩提心，便是具備了成佛的正因；雖不能於一時間萬行具全，只要盡力做去，能有一行、二行，也就算是菩薩行了。因此，凡夫發心，便成初發心的菩薩，便似蛋中的雞，便已具備了六度萬行的正因，故即可以被人稱爲萬行菩薩，也當以萬行菩薩的目標自勉。

基於如上的理念，我們法鼓山的發心菩薩們，都該被稱爲「萬行菩薩」。不受薪的，當然是；受薪的，一樣是。我們不把專職受薪的菩薩當雇工，受薪只是爲了維持他們的生活所需；他們也不當以雇工的心態來法鼓山論工計酬，他們的目的，同樣是爲了發菩提心行菩薩道，自然也是萬行菩薩了。否則的話，我們法鼓山的理念與共識，在我們內部都無法推行，還能「建設人間淨土」嗎？

三一、前往布拉格

從去（一九九一）年起，我們中華佛學研究所，來了一位歐洲籍比丘，擔任梵文、巴利文的老師。他的本名Thomas Gutmann，法名性空。他是猶太裔的德國人，生在捷克，因此他的家族都在捷克，只有他一人，離開那兒，回到德國，又到法國，在巴黎完成大學教育。他的興趣很廣，對東方的佛學、儒學、道家哲學，都曾研究，所以他在法國的碩士學位是中國語文，且對佛學非常傾心，故又到印度、錫蘭、泰國參學，終於在錫蘭出家。所以懂得梵文、巴利文。

三年前，這位法師到美國的西來寺，增受中國的比丘戒，有了中國的法名。受戒後的性空法師，到臺灣的佛光山，在那兒的佛學院教了半年英文，就轉來中華佛學研究所，和我結了緣，那是一九九〇年的事。

到了一九九一年夏季，他返捷克一趟，回來後即跟我說，有一個捷克青年是電腦工程師，希望來中國學習中文的佛法，我點點頭，覺得很好。就這樣到了今（一九九二）年二月中旬的有一天，在我們的中華佛學研究所，突然發現一位陌生的西方青年，不會中國話，他的英語也使我聽不太懂，結果在當天午餐之後，性空法師就把他介紹給我說：「這是你的徒弟，你是他的師父。」

我說：「我怎麼不知道？」

性空法師說：「是你去年答應的，而且李志夫教授也曾經告訴我說沒有問題。」

就這樣，那位捷克青年，便到了我們農禪寺，參加了三月十一日的剃度典禮。他怎麼會被農禪寺接受的，我也不太清楚，我始終沒有跟他個別談過話，就有那麼多的菩薩幫了他的忙，替他做了種種安排。剃度典禮之前，我們的秘書果祥師，問起這位捷克青年的法名，我才把他找來談話，始知他的姓名叫作彌勒克巴庫斯（Mirek Bakoš），我給他取的法名是果平。三月十一日，農禪寺舉行的剃度儀式中，因為有一個來自捷克的青年出家，便成了新聞，上了電視，見了報紙。

我和捷克結的法緣，就是這樣開始，嗣後，性空法師一再向我提起，要在他們的首都布拉格，開創一座佛教道場。困難的是目前既沒有錢，也缺少人，希望果平師學會了中文，能把中國的大乘佛法，翻譯成捷克文，在他們的國家弘揚。

可是，由於捷克還沒有佛教的寺院，像性空及果平二師，在國外出了家，回到捷克就會發生住的問題，所以問我，能否幫上一些忙，在布拉格建一個道場。這好像是說，跟我出家，我就有義務要幫他建寺院了。對歐洲的環境，我尚不清楚，向歐洲傳播佛法，雖也是應該推動的工作之一，至於如何進行，我還沒有想到，所以沒有立即答應。

過了幾天，性空法師又向我建議，能不能請我先去布拉格做一趟訪問旅行，他願意先回捷克，爲我預作安排。就這樣，我在今年的十月十日至十月十七日，利用了一週的時間，訪問了布拉格。

三一、捷克斯拉夫

捷克這個國家，在地理環境上，屬於中歐，在政治環境上，又屬於東歐。中古時代是屬於奧地利帝國的名城，後被德國統治。四十年前又被共黨統治，繼為蘇聯征服，和東歐的羅馬尼亞、保加利亞、波蘭等，接受了同樣的命運。在一九九〇年蘇聯的共黨政權解散之後，捷克才脫離了共黨政權，選出了他們自己的總統。

這個國家的名稱叫作捷克斯拉夫（Czechoslovakia），據說這是三百年來第一次有了他們自己獨立的政府。可是當我於一九九二年十月訪問捷克之時，該國正鬧著要分裂成為兩個國家。他們全國的人只有一千七百萬左右，其中一千多萬講捷克語，六百多萬講斯洛伐克語；而且講捷克語部分的人，以商業為主，說斯洛伐克語部分的人是以工業為主，希望獨立的是斯洛伐克人。但是也有很多捷克人認為與其常常吵吵鬧鬧，不如就讓其獨立吧！所以到了今（一九九二）年的十一月二十五日，他們的聯邦議會正式通過，將這個國家一分為二了。

以布拉格為中心的叫作捷克（Czech），另外一個國家就稱為斯洛伐克

（Slovak）。

捷克的土地面積，相當於臺灣的三倍，人口卻少於臺灣的三百萬，怎麼可能成爲兩個國家？但在歐洲，這樣的情形蠻多，像南斯拉夫，目前也正在鬧著分裂。早在西元一九〇五年，歐洲的挪威和瑞典，也就是這樣一分爲二的。這些都是由於語言、文化各有分歧的關係。又像加拿大的魁北克，因爲是屬於法語系，和其他英語系的加拿大人，不能合作無間，故也經常在鬧著要獨立。

可是，只要語言統一，國家就能統一，跟民族血統似乎沒有太大的關係。就像美國，她是各種民族的大熔爐，她的共同語言，便是唯一的英語；雖然曾經鬧過南北獨立戰爭，結果還是統一了。

十月九日星期五，我由剛剛剃度的華僑沙彌果谷隨行，在一百多位法鼓山僧俗弟子的恭送之下，於下午七點四十分，從桃園中正國際機場，搭乘荷蘭航空公司八七八號班機，向西飛行。三小時後，降落於泰國曼谷機場，停留四十分鐘，繼續飛往荷蘭首都。經過十一個小時抵達了以鬱金香爲國花的荷蘭首都阿姆斯特丹；然後改乘小型飛機轉往捷克的首都布拉格。對我而言，這條飛行路線，尚是初次經驗。以往我都是從臺灣經日本或韓國進入美國，是向東方飛行的航線，這次去歐洲，則是飛向西方。不過，當飛機上了天空，任憑它飛往東、西、南、北，感覺上都是相同。一般的國際機場，除了落後的地區之外，設備及氣溫，也都大同小異，所以沒有什麼新鮮可言。

我們到達捷克的國際機場，是十月十日的下午二點，那應該是臺北時間的晚上九點，在我想像中的捷克，應該是個非常富裕的國家，因我從小就知道捷克製造的武器風行全球，大陸時代的國軍，採用捷克式輕機槍，輕便、靈巧、性能又好，她該是一個高度開發的工商業國家。可是迄目前爲止，布拉格的國際機場，竟然尚不能降落大型的噴射客機，而機場的海關大樓，也很簡陋、狹小、陳舊。

不過，他們的移民及海關官員，態度都還親切。當我把護照送進證照查驗的窗口，那位官員翻了又翻，不見有他們國家的簽證，我硬說有，因爲在四個月以前就在美國的華盛頓取得了他們大使館的簽證。結果我和果谷兩人，在我的護照上翻前翻後也找不到這項簽證，因此接受了那位官員的建議，給我七天的落地簽證。但是我就是想不起來，原先的簽證到那兒去了。一直到抵達旅館，我才想起，在美國所辦的捷克簽證，是簽於美國政府給我的回美證上。他們知道我是來自臺灣，所以非常友善，否則我就要慘了。像這樣的荒唐事，我還是第一次發生。

入境之後，卻找不到我們的行李，因爲在這個機場進出的旅客不多，運送行李的轉盤已是空蕩蕩的，詢問機場的服務人員，回說沒有見到。好在果谷師眼快，發現在行李轉盤的另一端，有幾隻小箱子好像是我們的。結果找到了三件小的，卻還少一件大的，那裡面裝有我的文稿、資料、書籍，以及我與果谷師的內衣和冬衣，尤其尚有一隻證件包，裡面也裝有珍貴的照片及旅行支票。我們再怎麼查問，也沒有答案，機場服務臺人員建議我們寫一紙申報，去向我們經過的三個機場追蹤，如果找不到，三個月之後最多可以賠償一百美金。對我和果谷師而言，目前要解決的問題，是換洗及禦寒的衣服，而當時的布拉格已進入嚴冬季節，何況我們還要前往比利時才能回美國，要用的文件及一些小禮物，也在那隻大箱子中。但在當天我們除了塡寫查詢遺失行李的申報單之外，已沒有更好的辦法可想了。

我們一出海關，便見到性空法師，他也帶來兩位居士，其中一位是布拉格禪學會的負責人，也是我們在美國發行的《禪雜誌》和《禪通訊》的長期讀者，他的名字是魯彌爾（Lumir Kolibal）；另一青年叫 Mirek Rolehnal，他曾在錫蘭出家爲沙彌，過了一年的寺院生活，今後他還想出家，性空法師建議他到臺灣的農禪寺，可惜他還不會中文，我建議他在布拉格先打好中文基礎。

經過四十分鐘的車程，進入布拉格市，到達位於該市古城中心的一家旅館叫 Ungelt, Inter Hotel。這是一棟具有六百年歷史的古建築，這在別國是不可能讓旅客投宿的，就是在中國，也會把它當作古蹟保護。

這家旅館的確太老了，三層樓的房子，樓梯雖然寬敞，因爲沒有電梯，上下仍不便利。房間的設備，也很簡單，頗有住在古堡中的感覺。好在布拉格的氣候本來就寒冷，所以窗戶有兩層，保暖的設施做得還算可以。縱然如此，由於房間太大，我還是在晚間受了寒。旅館用的家具，乃至浴廁設備，都很老舊，雖沒有六百年的歷史，也是幾十年的舊貨。

這家旅館，是以一組一組套房的方式出租，每一個單位內，含有一大一小的兩個臥房，一個大客廳，旁邊是廚房，前面有寬闊的走廊，浴室和廁所個別分兩間，這是供給家庭旅行的客人使用，大概歐洲就盛行這樣的習俗。這對我們講，倒也方便。從這樣的安排，可見性空法師的細心。布拉格市內，也有單人和雙人的房間，那就沒有這樣的方便，可是這樣一個單位的套房，租金並不便宜，七個晚上共計一千五百元美金。捷克幣和美金的比率是1:26.6，而他們國內的生活水準很低，物價相當便宜，在一個未開發中的國家來講，這樣價格的旅館，應該算是很貴了，所以除了外國人之外，捷克本地人是不可能住進這樣的地方。像性空法師的姊夫，是個外科醫生，每月也只有三百美元的薪水，他的姊姊是個內科醫生，月薪只有兩百美元。

三三、布拉格的春天

性空法師在臺灣時，常常對中華佛學研究所的師生談到他的故鄉，而且總會帶著滿面的笑容說：「布拉格的春天很特別噢！」他曾向我建議，春天訪問布拉格最好，其他的季節也不錯。那是歐洲有名的一座古城，除了自然景觀，尚有不少歷史悠久的古建築。

捷克的首都，除了建築物是吸引觀光旅客的資源之外，他們吃的、用的以及穿的，都很簡陋。我們爲了自炊自食，所以常去他們的市集採購，雖見人頭鑽動，可是攤位上出售的果菜等農產品，式樣少、品質差、瘦小、枯乾，這跟我在美國和英國以及亞洲各大城市所見的不能同日而語。至少，歐洲就是歐洲，他們的文化和教育等的設施，還是比亞洲其他共產國家要進步普及得多。

十月十一日，星期日。

這是我們到達布拉格的第一個上午，性空法師帶我們出去熟悉環境，參觀布拉格市區的幾棟名建築物。

其實布拉格的舊城範圍，大約五公里左右，建築於三百年前乃至於六百年前的古教堂和修道院，就有百座以上，所以有「尖塔之都」的美譽。因爲每一個教堂都有一座到幾座或幾十座的哥德式（Gothic）尖塔。在我們的旅館四周，僅隔幾十步的距離，就有三座古教堂。使我驚異的是，捷克人有這麼高的宗教文化，這麼深厚的宗教背景，這麼虔誠的宗教信仰，經過四十年的斷層之後，如今的教堂和修道院，雖已逐漸發還開放，畢竟已元氣大傷，宗教的研究和神職人員的培養，都顯得青黃不接。尤其國內的經濟落後，一時間也無法很迅速的把宗教恢復過來。不過，捷克的人民對於宗教的追求，現在是處於如飢如渴的狀態，特別是年輕的一代，表現出對宗教抱著強烈的希望，也正因爲如此，我到布拉格訪問，可謂適得其時，雖然事先未做多少宣傳，聞訊而至的人士卻是很多，有一位青年讚歎我說，我爲他們布拉格帶來了春天，我想我只帶來一絲佛教的訊息，爲他們的春天增添了幾許溫暖的陽光。

三四、舊城廣場・查理橋

我對於捷克這個國家所知有限，只聽到說布拉格被稱爲「黃金之都」，又被譽爲「百塔之都」，因爲古建築物的頂部多貼金箔，古教堂有一百餘所，歌德式的尖塔有四百七十三座。

布拉格的風景區是沿著一條韋塔瓦河（Vltava）的兩側展列，在這個地段的韋塔瓦河，兩岸地勢較高，河面也寬，在軍事及運輸上都有很大的便利。目前有五座橋樑橫跨著韋塔瓦河，聯結兩岸交通，河的南岸以舊城廣場（Old Town Square）爲中心，北岸則以城堡（Praque Castle）爲中心。

我們那幾天，就是住在舊城廣場的附近。十月十一日的早上八點離開旅館，步行三分鐘便到舊城廣場。首先看到的是一片用小石塊鋪砌而成，非常寬大的空地，空地之上擺著幾百把白色椅子，和幾十張小圓桌，那是露天咖啡座，供給旅客休息，並在那兒坐著觀賞風景。在廣場的四圍，皆爲高大的古建築，其中有兩座古教堂、一座古老的市政廳。在廣場的東側，還有一組巨大的銅雕，那是爲了紀念西元十四世紀末的一位基督教新教的領袖約翰胡斯（John Hus）。他的時代，要比馬丁路德（Martin Luther）和約翰喀爾文（John Calvin）更早，他是布拉格的宗教改革家。那一組銅雕像，就是描寫當時由約翰胡斯帶著幾位男女信徒，向舊勢力的天主教政府抗爭而受難的故事。

我在布拉格訪問期間，性空法師一次又一次的向我提起約翰胡斯這個人，而且在他的二姊家中，就是懸掛著這樣一幅圖畫，畫中描繪約翰胡斯帶著武裝信徒們對抗政府軍隊的戰鬥場面。政府軍隊的武器雖精，兵馬雖眾，還是敵不過約翰胡斯的宗教信仰，結果承認了這個教派的存在。

我們也去參觀了約翰胡斯派的教堂，它的建築形式，跟天主教堂不一樣，簡單，沒有偶像，只是一棟空曠的房子，乃是它的特色。舊市政廳瞭望塔的正面基部，另有一個名勝，是「天文鐘」（Astronomical Clock），啟用於西元一四一〇年，它有好多種功能：在一年十二個月中，能顯示太陽的位置，能顯示月亮及十二星座的移動，而且還能告知你四種不同的時間：1.歐洲標準時間，2.根據太陽下山而設定的古波西米亞時間，3.將一日一夜分爲十二個時辰的古巴比侖時間，4.以十二星座運轉爲基準的時間。

從這座天文鐘，也可以顯示出捷克的文明。在這座鐘的兩側牆上，都有十分細緻的石雕圖案及木雕人像。在這座鐘的上方，有兩個小窗口，每一小時當長針指到十二刻劃，窗戶自動打開，輪番出來十二位會活動的一尺多高的聖人偶像，然後又自動把窗門關上。在聖人雕像出現時，鐘旁的一個小骷髏雕像，見一個聖人，就敲一聲鐘。

另在這座天文鐘的下方，有一個跟鐘的大小相等的圓形圖畫，其中畫有十二個故事，據說是十二個布拉格很出名的有關十二星座的寓言神話。

從舊城廣場向北走五分鐘，就到了韋塔瓦河，我們要通過的是建於西元十四世紀的查理橋（Charles Bridge），是爲紀念查理四世國王而建。上橋之前，看到一座橋頭堡的瞭望塔，有六層樓高，那是屬於哥德式的建築，它的名稱就是「哥德式橋頭塔」，現在這座橋已列爲古蹟，所以塔下的大門只供遊客步行，車輛不准通過。我在南岸的橋塔之旁，向對岸拍了好幾張照片，非常幽美，舊皇宮的古城堡、巍峨的大教堂，以及附近的群體建築物，都能一覽無遺。沿著橋身的兩側，有他們國寶級的藝術雕刻，一共三十座，每座都是超過三個到四個人的高度，其中有一些是單獨的歷史人物雕像，另外是歷史故事的雕像組合。這批巴洛克式（Baroque）的雕像，雕成的年代是在西元一六八三年至西元一七一四年之間。

布拉格是一個非常喜歡藝術雕像的名都，在市區許多古建築的大門兩側、牆面，以及屋頂的周邊，都可以見到非常優美的雕像。

三五、古教堂・錬金街

過橋之後，穿過幾條石塊鋪砌的街道，上了一個緩坡，舊皇宮古城堡便矗立在山丘之上。路上的石塊，有大有小，而且鋪成圖案形狀。皇宮前的一棟大建築物，就是現在的總統府，附近是各部會的辦公大樓，眞正的古城堡遺跡，尚在後面，看來冷冷清清。倒是現在政府的辦公大樓非常雄偉，進門處也排列著精美的石雕。

穿過總統府的後院，看到一座噴泉的力士石雕，相當可愛。

然後，就看到了代表著布拉格宗教建築之寶的聖維妥斯大教堂（St. Vitus Cathedral），這座教堂是於西元一三四四年由波西米亞國王盧森堡的約翰（John of Luxembourg）奠基，他的兒子就是後來神聖羅馬帝國的皇帝查理四世（Charles IV, The Holy Roman Emperor），先後經過約一百五十年，始建築完成。到了西元一八六〇年，又花了六十九年的時間來整修。所以它的建築，若從外貌看來，要超過倫敦西敏寺大教堂的多姿多彩，尤其是上百座森林似的尖塔，高矮大小不等，錯綜配置於大教堂的上下四圍，高的有十多層樓高，最低的也有一層樓高，這些尖

▲聖維妥斯教堂的後側，像森林一樣的建築表現。

塔，除了裝飾及象徵接近通向天國之外，並沒有其他的作用，若非國力強盛，人民生活富裕，不可能做這些與實際生活無關的宗教建築，它的名字叫Pinnacle，在世界建築史上是一個奇景偉構。

在聖維妥斯大教堂的右後方，另外有一座中古時代的女修道院名爲「聖喬治」（The Basilica of St. George），是古羅馬巴西里亞風格的教堂，非常簡樸，甚至是簡陋。這座教堂的屋頂以木板平鋪而成，牆壁及聖壇是灰磚砌造，四周沒有雕刻，也沒有彩色玻璃，僅在聖壇上方有個弧形的穹窿，畫了一幅彩色的壁畫，其他部分都是灰褐色，有點陰沉沉的感覺。當時那些修女過的何等清苦的修道生活，可想而知。可是，這座修道院在中古時代卻是貴族女子受教育的中心，它有一個寫字間，世界藝術史及音樂史上許多有名的原始手稿，都是創作於此。

我們從聖喬治教堂出來，在露天喝了一杯好貴的咖啡。然後進入一條稱爲黃金街（Golden Lane）的小巷。聽它的名稱，一定以爲是有金碧輝煌的建築物，其實是古城堡內最古怪的一系列平房建築。屋窄、門小、窗小、天花板低，類似一排玩具屋，紅粉牆、紅瓦頂、木板門，房子雖矮，卻有上下二層，每間的屋頂前部都有一個老式的煙囪，面街而立。這條街是西元十六世紀時政府建的，當時的國王既相信神通又相信異能，聽了一位術士的意見，以化學的方式鍊金，他就派了士兵及鍊金的術士在古堡內的這條小巷裡工作。事實上當時並未鍊成黃金，現在成了販賣各項文物及紀念品的禮品店，對象都是外國的旅客，連像我這樣的人，都到那兒買了三本相當貴的書，其中一本是圖文並茂銅版印刷的《走過布拉格的歷史》（*Prague: A Walk Through History*）。因此，性空法師說：現在這條小巷才算名副其實的鍊金街，過去沒有鍊成黃金，現在鍊出了美金。

二十世紀初，有一位出生在布拉格的存在主義哲學家，名叫「法蘭斯卡夫卡」（**Franz Kafka**）。他曾經在這條街上的第三家住過，門邊牆上現在尚貼著他的大名，所以這間禮品店的生意特別好。他是一位哲學家、詩人，也是畫家。他的畫實際上很像卡通。可惜三十多歲就過世了。他的父母是德國人，住於布拉格市內，卡夫卡出生的那棟樓房，如今是一家商店，因爲無人出錢把這棟房子買下作爲卡夫卡紀念館，僅在門外的牆上，掛了他的人頭相片，表示紀念。

離開了鍊金街，穿過一條城堡內的坡道，一邊是石壁，一邊是高牆，古代的武士們走在上面一定顯得很威風，而現在這條坡道的兩旁，擺滿了兜售廉價禮品的小地攤，相信他們每天收入不會太多。

穿過城堡的大門，我們又去看了另一座名叫「聖尼格拉斯」的大教堂（St. Nicholas Church），這座教堂原先是哥德式，後於西元一七〇四年由幾位著名的藝術家設計改建成巴洛克式。它的特色是圓拱屋頂的壁畫及雕刻十分精美，讓人有進入天堂和諸聖同在的感覺。因爲那天正好是星期日，我們在此教堂內，看到他們正在做彌撒，由一位七十多歲的老神父，穿著綠色的聖袍主持儀式，另外有十位修士，穿著黑袍白褂。他們也焚香、點燭，六支白色的大蠟燭分成兩列，還有四支白色的小蠟燭分置於四角；他們也用香爐，不過是提在手上，點燃後向信眾揮擺。在教堂內右側的二樓及三樓，是唱詩班及樂隊。見有一位白髮蒼蒼的老者，正在指導一群婦人演唱及演奏著聖詩。那兒有上下層兩排管風琴的大銅管子，所以唱詩伴奏時不需麥克風，整個教堂都聽得很清楚。當天看到參加彌撒的信眾有兩、三百位，多半是中年以上的人士。

這天的上午，我們走了很多地方，很累，也很餓，但又找不到東西吃，所以步行到查理橋北端的購物中心，已經十二點三十分，我們採購了麵包、乾酪、麵、米以及幾個罐頭。那兒的物資非常缺乏，從購物中心進出的民眾，像潮水一般的擁擠，貨架上能被選擇的食品卻又不多。

到了下午一點，我們提了蠻重的東西，在走回旅館的途中，發現路旁有一家貼著英文招牌「美國招待所」的披薩店，所以進去要了七塊披薩及三杯咖啡，畢竟是非常餓了，每塊三十五元捷克幣的披薩，性空及果谷二師，每人各吃三塊。

結果發現裡面的服務人員不是美國人，披薩的味道，也和在美國吃到的不一樣，價錢倒跟美國差不多。

三六、演講・找行李・訪問

十月十一日晚上七點，我們住處的客廳，來了十二位訪客，是由布拉格禪學會的負責人魯彌爾的安排，七位男士，五位女士，都是二十至三十歲的青年，也都是天主教徒，正在研究宗教的比較，特別有興趣於佛教。他們聽說，禪宗的佛教和印度的佛教不同，所以要求我給他們兩個小時的座談。其中有一位青年馬定和（Martin Hala），正在布拉格的查理大學漢學部教中國語文，他曾在中國上海的復旦大學留學一年，研究的主題是中國的年畫，除了性空法師之外，這是我在捷克遇到的第一位會講中國話的當地人。

十月十二日，星期一。

上午九點，查理大學漢學系的教授羅然（Olga Lomova）女士，來旅館商談當晚演講和翻譯的事宜。這位教授曾在中國大陸北京大學留學，去（一九九一）年也曾到臺灣出席漢學會議。她的中文程度相當好，交談的時候如果只聽她的聲音，無法辨認出她是西方人，她是捷克年輕一輩中治漢學的傑出學者，她研究的是中國近代文學。她是我看到捷克人之中會講中國話的第三位。

下午三點，訪問了查理大學的圖書館，房間很多也還寬廣，不過都非常古老陳舊，設備和藏書都有待改善。

讀者們可能還記得我的大行李箱在機場遺失了，到現在還沒有找到，打了幾次電話向機場和航空公司查詢，也都不得要領。電話打到機場，機場囑我們去向荷蘭航空公司查詢。電話打到荷蘭航空公司，又要我們向捷克航空公司（CSA）尋找。結果，我們三個人於下午四點，一同到捷克航空公司的總公司。由於他們的辦公地點非常分散，我們先到管票務的辦公室，然後又到管行李的辦公室，最後還是回到荷蘭航空的代理公司，得到的答案是：如在一個月以後沒有消息，他們公司可以照規則理賠。據那位職員女士說，他們已做了所有能做的事。如此一來，我們也就不必再爲此事操心了。好在布拉格市區的範圍不大，我們坐計程車及走路，一共只花了六十分鐘就跑遍了那麼多要找的地方。

想不到，晚上九點，我們剛從演講的地方回來，旅館的服務生便在我們房間的門口出現，她的手裡提著的就是我那件遺失了的行李。

當天我在布拉格查理大學哲學院的一個大教室演講，那是下午五點到七點的事。那所大學，大家稱它爲布拉格大學，其實它的本名叫作查理大學，就是爲了紀念查理四世國王而建的。這個哲學院在歐洲，曾負盛名，例如現象主義的思想家胡塞爾（Husserl 西元一八五九—一九三八年），三〇年代在那兒擔任過教授，我能夠接受邀請在該校哲學院演講，應該感到光榮。

當晚我演講的主題是「禪對現代世界的作用爲何？」，子題有兩大項目：1.禪的理念，2.禪的方法。

▲作者與查理大學漢學系教授羅然合攝於該大學哲學院前。

因爲我是捷克從共黨政權解散之後，第三位佛教的僧侶到該校演講（第一位是西藏的達賴喇嘛，第二位是越南籍在美國弘法非常成功的法師叫Thich Nhat Hanh），對我的演講，雖然僅僅貼出了一些小小的傳單，並沒有做宣傳的廣告，前往聽講的人卻有一百七十多位，把那個大教堂，擠得滿滿的。

這場演講，首先由性空法師把我介紹給大家，並且以十五分鐘的時間說明中國禪宗思想的背景。經我以舉手方式調查，其中有二十多位聽眾，曾經看過有關禪的書，他們對於中國禪宗的公案語錄，知道得不少，聽完我的演講，感到非常滿意。我告訴他們：禪的理論基礎，既是宗教也是哲學，甚至於還有心理學的內涵；但也可以說，禪宗什麼都不是。因爲禪是由有而至無，無是存於有中，在方法上要用精進、努力的心態，但不是征服、控制的方式。如果能夠放下身心，當下就是明心見性，頓悟成佛。

演講結束後，有二十分鐘的問答。有一位聽眾聽了我說「禪是無我的」，是「不會給人有固定答案的」，因此他問：「基督教的《聖經》裡，有兩個人爭論何者是眞理的問題，他們兩人必定有一個是對的，另外一個是錯的，請問意見如何？」我回答他說：「你的看法非常正確。」引起聽眾哈哈大笑。

另有聽眾問我：「人是無我的，老虎有沒有我？」我的回答是：「老虎本來無我，當你被牠咬傷或將吃掉你時，你便會發現原來老虎是有我的。」聽眾聽了又是哄堂大笑。看來這兩位聽眾，好像已懂得禪是什麼。當地的全體聽眾，好像也領會了些什麼。我的結論是：「不論你們問什麼，不要管我答什麼。禪的本身，並沒有一定要給什麼固定的答案。」大家再度歡笑。

三七、古文化‧道場‧博物館‧光音無限

十月十三日，星期二。

昨晚，當我們從布拉格大學演講回來，經過旅館貼鄰的一座大教堂，叫作聖雅可伯（St. Jacob），我們順便進去參觀。此座教堂有三百年以上的歷史，裡面的雕刻都是取自義大利的赭紅色大理石材，它的富麗，類似古城堡內的聖維妥斯大教堂，不過外觀的形式小得很多，佔地面積也只有聖維妥斯的十分之一，或者更小。

在旅館的對面，就是哲學家卡夫卡戲院，當晚正在演出莫札特的交響樂，所以在布拉格市，好多處都可以看到「莫札特」名字的布招，據說莫札特生前也在布拉格住了很久。捷克的交響樂團，在近代世界也享有盛名。反正我不懂西方的古典樂，也沒有時間欣賞，只覺得布拉格這個城市很老，文化很有深度。

昨晚回到旅館，已經十點多。由於性空法師一次又一次的提起，基督教的改

革者約翰胡斯如何成功的故事，我便同他長談了一個小時，鼓勵他做第二個約翰胡斯，把東方的佛教，帶回捷克；而且今天的捷克要比約翰胡斯的時代更有利於弘揚佛法，今天在捷克傳揚一個新來的佛教，至少不會有政府的干涉而引起武力的迫害。說不定在兩百年後，舊城廣場的另一面，就是塑起性空法師Thomas Gutmann的銅像了。

他說他沒有錢也沒有人。我告訴他說，今天有這麼多的人來聽講佛法，調查發現其中至少已有二十個人看過禪的書，這就已經有人了；錢不是問題，我自己在美國創道場就是在無錢的情況下開始的。不要指望先有人或先有錢，否則便成不了事。宗教的傳播就是要從零開始，道場在心中，只要有信心和願心就能成。中國人有「自助而人助，自助而天助」的諺語，當你自己起頭之後，辛苦幾年，就會有人，也有錢來。

事實上性空法師的一個朋友魯彌爾，已經有了一個佛教團體，就是缺少一位老師。

性空法師聽了我的一席話，增加了不少信心。不過他還是認為，要在他自己的修行更有一些基礎之後，才能夠開始行動。

這天上午九點，我們坐計程車從旅館出發，再到舊王宮古城堡做半天的參觀，這次的目標是古堡內另一邊的寶物陳列館。那座建築物原來也是大教堂，名爲Loretto，造型非常別致，其中有一座白色的寶物收藏館，它本身的建築，就是價值非凡的藝術精品，也當作寶物來供遊客欣賞。

現在展出寶物的，是在這棟收藏館右側另一座建築物的二樓，那兒的展示品，都是歷代國王的王冠以及象徵王權的權杖，特別是天主教的「聖體架」，其中一個叫作「布拉格太陽」（Prague Sun）的聖體架上面，鑲有六千二百二十二顆鑽石，這是無價之寶。不僅只有鑽石，其黃金座上，還雕刻著幾個栩栩如生的天使。同時，那座教堂聖壇上的雕刻及天使塑像，手工精美細緻，美輪美奐，堪稱雕刻藝術的極品。走廊廊頂的壁畫，也極生動。

當我們離開寶物館，性空法師帶我們繞過古堡的外護城，通過一條完成於西元十六世紀的窄小古巷，然後進入古堡廣場，再通往皇家公園，到了皇家賓館。那是一棟二層的建築，面臨韋塔瓦河，後院相當寬大，那幾天正好有一個展覽，叫作「James Turrell, The Perceptual Cells」，是跟打坐和冥想效果有關的。那是一個美國人叫作James Turrel的心理學家所發明，他曾經在美國亞利桑那的沙漠中，試驗了相當長的時間，他在沙漠堆中挖一個洞，自己躺在裡面，向天空凝視，就可以聽到風的聲音，變成宇宙無限的回音，陽光會幻起各種顏色的變化，也有永恆、無限、深廣的感受，使人忘掉自我而融入於無限。因此他發明了人造的燈光和音響，安置在特別製作的亭子裡，有兩個是立式，一個是臥式，當你進入亭子，就可以把頭伸直在半圓形的大洞中，打開燈光，睁開眼睛，所看到的是無

▶名為布拉格太陽的聖體架，上面鑲有六千二百二十二顆鑽石。

限的幻視效果，雖然洞並不大，但你已感覺進入無限的空間。因爲那個燈光，讓你感到沒有邊際，而且可以隨你自己心意調整光度的強弱及音量的大小，那也是無限的回音，好像從遠古以來，就有了那種持續的聲音，讓你感覺到聲音存在而

自己並不重要。事實上那是光和音佔有了視覺和聽覺，因此使人感覺到進入了忘我的境界。

另外一個臥式的，其原理和立式相同，只是有一個臥架，像醫院的手術枱，當你躺上去之後，由人操作，漸漸的把你的上半身升起，使得頭部進入圓洞形的光箱，然後有人操作光和聲音的大小、強弱、變化，也能使人進入一種忘我境界的感受。最要緊的是在做體驗時，不能閉上眼睛，也不能昏沉，否則效果就不會產生。

我本來沒有想要體驗這樣的玩意，但被服務人員一再的慫恿，反正已經買了票進去，試一下也好。我們三人試驗後，都覺得那是聲、光的幻景，和打坐時的覺受，不可同日而語，更何況是禪定及悟境。不過能讓沒有打坐機會和打坐體驗的人，嘗試一下什麼叫作「無限」的感覺也不錯。也許當天是星期二，遊客很少，怪不得那幾位服務人員，見到人就不厭其煩地向你說明介紹。

三八、布拉格的寒山・修道院中講「無常」

十月十三日的中午，回到旅館，已由魯彌爾替我們做好一鍋捷克式的菜湯，相當可口。他吃素多年，而且獨身，生活得非常自在，他的職業就是寫書、印書、買書，在一九九〇年以前，他是屬於非法的祕密出版商，隨時有被抓起來關進牢的危險。他的英文很好，德文也不錯，他還雄心勃勃的要學日文和中文，要把佛教的好書，一本本的翻成捷克文，出版流通。他正計畫把我的幾本英文書，翻成捷克文。

我問性空法師：「像魯彌爾這樣的經營方式，可以維持得下嗎？」他回說：「過去有問題，所以常常要去擺地攤，賣風景明信片及一些小禮品，賺取生活費用，不過現在的生活情況已經好轉。」

這位魯彌爾先生，在那兒孤軍奮鬥，像是一個沙漠中駝鈴，雖然人家看他寂寞，他卻充滿著信心及願心。因此他也是性空法師在布拉格最好的朋友和支持

▲訪布拉格市禪修會會長魯彌爾居士之出版社。

者。這次我訪問布拉格的各種活動，主要也是由於魯彌爾的聯繫安排。

因此，我們到第二天十月十四日的晚上，從性空法師的俗家二姊處回到市區之後，便順道去探訪了他一下。發現跟他共同生活的，僅僅是一條狼狗，而一部電腦就是他的工作夥伴，臥室就是書房，廁所就在廚房。滿室都是書架，裝滿了外文的佛書，包括我在美國出版的英文著作在內。在他架上看到一本關於禪的英文著作，但其封面寫著漢文的「寒山」兩字，我覺得他的精神頗似中國古代的隱士，能夠隱於市井之間，乃是高隱，所以我叫他拿了「寒山」那本書，拍了一張照。他爲了對我表示這趟捷克之行的感謝，特別準備了兩套捷克古畫的複製品，都是一百多年前西元十九世紀的作品，描寫布拉格的風光，和現在景色相同，只是人物的衣著爲古裝而已。將來可以把它們掛在法鼓山的那條走廊，來紀念我這趟布拉格之行的收穫。

下午，魯彌爾帶來一個年輕女孩看我，告訴我說，她也希望學中文，也想到臺灣去跟我出家。問她爲什麼？她說她的男朋友已經跟我出了家，所以她也要跟我出家。那就是指的果平師 Mirek Bakoš。我說出家不是兒戲，並問她將來他們兩位是否還要生活在一起？她說她想到男朋友已經出家了，出家一定很好。可是她對佛教連普通的常識都不具備，所以勸她好好考慮以後再說。

下午四點至六點，由魯彌爾的安排，請我到一個天主教道明會的修道院做一場演講座談，他們的目的是希望聽到佛教的觀念和天主教有多少相同和不同的地方。

先由性空法師引言，然後由我演講一個小時，另外用四十分鐘做問題討論，由我和該修道院的副主持人斯坦巴契（Odilo Stampach）神父和我分別解答，還是由羅然教授擔任翻譯。

這場演講會，把這座修道院的講堂擠滿了人，本來只準備修道院內的二、三十位神父和修女參與，結果到了二百多人，臨時沒有位置，多半席地而坐，外來的聽眾大部分是青年學生，他們是我前一天在布拉格大學哲學院演講時的聽眾；他們雖都是天主教徒，卻很有興趣瞭解佛教，就是這位斯坦巴契神父，也看過幾本禪宗的書，所以當有聽眾問起「佛教是否不需要道德而只講頓悟」的問題時，他便代我回答：據他所知，佛教的三學之首的「戒」，就是道德生活的實踐。因此他相信沒有一個宗教可以不講道德而還能持久流傳的。又有人問起佛教講輪迴，是不是非常重要？他又代我回答：據他所知，中國的禪宗並不在乎輪迴，所以甚至有的禪師還明白地宣告，他死了之後，願意做牛，這是說如能心得解脫，無一物不是佛的法身。

我看到這樣的一個神父，覺得相當歡喜，也就是因爲他們知道若干佛教的內容，所以希望跟我見面，並邀我到他們的教堂做一次演講。

我的演講內容有兩點：

第一點是諸行無常及諸法無我的理論是佛教的基礎：所謂「行」，包括一切的現象，主要是指心理活動。「法」是指一切的事實，主要是指五蘊所組成的身心世界。「無常」是由於一切現象的事實在不斷的變化。「無我」是由於因緣的和合。既然是無常又是無我，所以一切都是「空」的，沒有永恆的存在。

第二點是通過戒、定、慧三無漏學的實踐，才能親自體驗無常就是無我，無我就是空的事實。一旦親自體驗到空，就能從自我的煩惱獲得解脫與自在；禪宗給它的名詞是開悟。「戒」的目的在於身、口二業的道德律的實踐，「定」的功能是清淨意業的方法和作用，「慧」是以無常無我的理論和立場來指導戒和定的修行，產生自他解脫的功能。這三種也就是使我們達到解脫目的之方法和理論。

因為我不斷地提出「無常」的觀念，故在講完之後，就有一位青年，向那位神父提出一個問題：「佛教說一切都是無常的，那麼上帝怎可能是永恆的？」

這位神父的解答，是引用中古時代的神學家聖奧古斯丁的話，解釋了

▲與道明會修道院副院長斯坦巴契交談。

一大篇，還是跟無常的意思接不上頭，本來只有一個聽眾想到這個問題，結果卻變成了所有聽眾的問題。我對那位神父，眞有點抱歉。

這場演講討論會，雖然人很多，場地太小，空氣很悶，臺上人及臺下人之間的氣氛，倒很凝聚和諧。

在修道院中請一個法師講佛學，對他們來講是相當開放和大膽的作法。事實上在我們中華佛學研究所及農禪寺，也已經在做這種宗教對談的工作。因爲這是兩個不同的宗教，不必求其全同，但是我們必須努力弘揚佛法，減少人家對佛教的誤會，然後也要增進我們對其他宗教之間的友誼。

三九、漢學部・法師的俗家・已無死刑

十月十四日，星期三。

上午十點，馬定和先生到旅館來迎接我們去布拉格大學中文系，他們叫它漢學部，為中國語文部第三、四年兩個班級的同學三十多人，以及三位該校的教員，以問答方式討論中國宗教問題。

他們提出的主題是：1.中國的道家及道教，和印度的佛教之間，何者同，何者異？2.東方宗教與西方宗教的差異比較。3.佛教僧侶的生活是怎樣的？

這場討論會中，有三位該校的老師懂得漢語，學生之中也能夠聽懂部分漢語，所以進行得相當輕鬆。除了馬定和與羅然之外，還有一位滿頭白髮一臉虬髯的Svanny教授，中文講得相當好，我的每場演講和座談，他都會出席，我問他漢文的名字叫什麼？大家都笑著代他回答：「他叫鬍子」、「他是土地公」，因此我就不知道他的中文姓名怎麼稱呼了。

關於道家和道教的問題就是這位「鬍子」提出來的，因爲他正在該校開道家哲學的課，所以有板有眼引經據典，把我當成中國通，其實我對道家哲學除了讀過《老子》和《莊子》，其他的並沒有深入，知道的也沒有他多。因此，我講佛教，他講道教，當然無法使他滿意。他每提出：「道家怎麼說……。」我就回答：「佛教怎麼說……。」他要我做比較，我說我只知道佛教。

至於討論東西方宗教的差異問題，我也只能介紹佛教而不希望以佛教的觀點討論基督教。我建議他們只有從瞭解雙方的立足點上去看東西方宗教，不需要把兩個宗教糅合起來打成一片，而說是同一個宗教，不可以站在東方宗教的立場來批評西方宗教，也不可以站在西方宗教的立場否定東方宗教。因爲由於不同的文化背景和社會情況，就會產生不同的宗教思想和理論，盡可以說他們是同一個母親所生的雙胞胎、孿生子，卻沒有必要說，本來就是同一個人。這些年輕人，對我的意見，還能接受，不過要他們成爲佛教徒，則還有一段路需要走。

從布拉格大學漢學部出來，已經過了中午十二點，我們都覺得很累，肚子很餓，性空法師提議不要再回旅館自炊，而去一家印度餐廳過午。因爲不知道確切的位置，而只曉得就在布拉格唯一最現代化的商業大道「黃金大道」（Golden Cross）上，所以一路問過去，最後是走出了「黃金大道」，在另外一條街上，發現了那家印度餐館。

下午經過短暫的休息，性空法師問我要去那兒參觀，我說希望看看他俗家住的環境：第一是他出生的家，第二是他姊姊的家。因爲兩天來，都在市區，沒有接觸到捷克的鄉村風土，同時我在十二日晚上演講之後，已經見過他俗家的大姊、二姊和他的外甥、外甥女。結果他說他母親的家不便訪問，好像鑰匙也不在他的身上，所以建議去看他二姊的家。

他先用電話聯絡，他們表示歡迎，故在午後四點從旅館步行到火車站，然後坐了二十五公里遠的路程，到一個叫作Ubaly的車站，又步行十五分鐘，才到了他二姊Sramoua的家。前面已經提過，他們夫婦二人都是醫生，我們到達時已是下午五點，黃昏的景色在鄉間顯得特別的美，而捷克的鄉村和美國的東部有點類似，每戶都有自己的庭院，每棟房子都是兩層，足夠一個家庭大小四口生活。和美國不同的地方，是在他們房子四周的院落裡，雖然種有韓國草皮，但也利用許多的空間種植果樹及蔬菜。他們這個家庭的院子中有梨子、蘋果、草莓、番茄等。這倒有點類似中國人的美德，我在他們院中也採了一個蘋果及一個梨子，雖然沒有美國市場上買的那麼肥嫩，味道還算鮮美。

首先由性空法師的外甥女請我們喝咖啡，接著見他姊夫下班回來，當他們父女二人準備和我們交談時，他們家養的一隻貴賓狗突然心臟病發作，齜牙咧嘴，口吐白沫，狀似極爲痛苦，這對父女便拋下了我們而救狗命去了。

由於他家養狗，空氣混濁，而我氣管很弱，感覺呼吸困難，所以到後院的涼椅上坐了十來分鐘，即發現暮色已從昏黃變成了黑暗，同時我們必須要搭六點的火車返回市區，只好請其姊夫，用汽車載我們到Ubaly車站。

在候車及坐車的時段，我問性空法師目前捷克人民的生活情況，他說，一般的工資相當低，物產也不豐富，但是還算便宜，例如他的二姊和姊夫，每月合計五百美元的薪資，已可以自購房屋，並且使得兩個兒女都受到大學教育，也有私家汽車代步。像他二姊家的四個人中，只有最小的外甥女不會開車，其他三人都有駕照，當然，這是中等以上收入的家庭。至於那些低收入戶，生活就比較窮苦，但也不會那樣的寒傖，至少沒有穿破衣的人，事實上我在那兒看到路上的行人及鄉下的村民，都是穿著皮鞋、皮襖、皮夾克、毛線衣，跟紐約街頭所見的並沒有太多的差異。每個家庭的居住環境也都相當乾淨。

據說捷克的外匯是用他們最出名的啤酒、電車、武器、直升機來換取的。可見他們的外銷，是以科技的機械爲主，農產品爲副。捷克本來是歐洲一個富裕的國家，比起亞洲共產國家的經濟情況是好得多。

特別是在這個中下產業階級人口佔多數的國家，治安相當良好，已經廢止死刑。這在我們亞洲甚至於美洲的大國，應該要向他們學習了。畢竟這是一個教堂林立，天主教道德思想根深柢固的國家，他們沒有亂世，所以也不用重刑，這點我們也要呼籲：那些自以爲是已開發的國家，應該盡早考慮實施廢止死刑的德政。當然，在實施廢止死刑的德政之前，一定先要推行「淨化人心、淨化社會」的宗教、社會、倫理的教育，這也就是我們法鼓山正在努力的目標及方針。否則的話，廢止了死刑，犯罪的人數增加，造成監獄爆滿，不斷擴建牢房、增加獄政人員編制的結果，也會爲全體人民帶來重大的負擔，例如美國的監獄，平均每一個受刑人，每年要花掉納稅人五萬美元，豈是社會的幸福？

四〇、橋頭堡

十月十五日，星期四。

上午九點三十分，性空法師帶我們離開旅館，目的地是東方研究所，其位置是在查理橋的北端，因此再度通過這條觀光客必經的石造大橋，此橋能夠讓人百看不厭，雖然天氣很冷，韋塔瓦河的水面，和查理橋的上空，都有成群的水鳥，其中有海鷗、天鵝、野鴨等，不過還沒有像倫敦公園裡，會追逐遊人討取食物的水鳥，牠們只是在空中飛、水面游，好像就是爲了點綴當地的風景而存在。

這座古橋的歷史，前面已經介紹過，這次看得更加清楚，橋洞距離水面有兩丈多高，可容船隻通行，共有十五個橋洞，只有八個在水面，其他是在北端的陸地。橋面的每塊石頭都是骨董，就是橋側的青銅欄杆也被列爲藝術品來供人欣賞。橋上有許多的地攤，販賣各種小紀念品。也有流浪的詩人和歌手，在橋上自拉自唱，接受觀光客的賞賜。其中有一個十一、二歲的小女孩，長得眉清目秀，穿著也相當入時，腳前放著一個紅色書包，及一隻鐵罐，手上拿著風笛吹奏，她身側站著一位青年在保護她。因爲看到欣賞她的人不多，所以果谷師發了慈悲心也給了她幾塊錢。

我們在橋的兩側也看到不少街頭畫家，把這條橋的兩側風景細心的寫生入畫，同時也展示他們的作品並且隨手兜售。

我們到了橋的北端，那兒有一高一矮平行的兩座橋頭堡，兩堡之間用一條空中的聯廊聯結，聯廊的下方就是橋門。由於約定去東方研究所的時間還沒到，性空法師便建議進入堡中攀登瞭望塔，做居高臨下的觀賞。橋頭古堡的入口處，本來要三十元一張門票，由於性空法師向售票員自我介紹說：「我們是佛教的神父」，所以享受免費優待。

這座古堡的瞭望塔，有一般房屋的六層樓高，而其本身的結構是三層樓，所以木構的樓梯，就顯得非常的陡。由於我那幾天有感冒症狀，筋骨痠痛，全身乏力，還帶著一點氣管發炎，我看到性空及果谷二師，一路領先，直上雲霄，我也不能中途而廢，只好用兩手兩腳奮力攀爬上去。到達頂層的瞭望塔時，向四處看去，不論遠觀近瞰，布拉格的全市景色一覽無遺，跟在橋下時所見的大不相同，我雖然氣喘如牛，胸痛頭暈，還是拍了幾張照片。相信當年這樣的瞭望塔，有它軍事上的用途，所以在每一層的四面，都有砲口和砲座；瞭望塔頂端的四周是類似城牆的箭垛。從這上面可以看到查理橋的全景，對岸市區似在薄霧之中，附近的古城堡及民房建築，一片紅瓦赭牆、白煙囪，好像彼此都是屋簷相接，街道及行人已被遮掩，就像是一片美麗的兒童積木玩具所構成的。

我也在瞭望塔上，非常清楚的觀察到布拉格古城的象徵物「金蘋果」，像這樣的東西，在皇宮、教堂及許多哥德式的古建築物頂尖端，都可以看到。它代表著國王的主權，用它來做象徵，我趁這個機會拍了一張金蘋果的照片，很清楚。我以往只知道大蘋果是象徵紐約市，現在又知道布拉格是以金蘋果來作為象徵。

四一、東方研究所

東方研究所就在查理橋端的右側，穿過一條小街就是一座大教堂，該所設於這座教堂建築的三樓。

這座研究所，包括四個部門：1.阿拉伯和近東國家的研究部，2.南亞和東南亞研究部，3.東亞研究部，4.非洲研究部。

這座研究所的創立年代是一九二二年。到一九五二年以後，在共黨政權期間，將一個關閉掉的天主教修道院Lazenska提供該所作為所址。現在由於脫離共黨政權，那座修道院又恢復活動，東方研究所便面臨到必須遷往郊區鄉間的命運。

該所研究的主要範圍是：1.亞洲及非洲的語言；2.中古近東的社會情況和歷史；3.遠東文明，傳統及現代的歷史演變；4.亞洲及非洲文學；5.亞洲、非洲的社會經濟，及其土地面積的區域性。

另外還為國家行政當局，提供：1.語言人才訓練，2.專家意見指導，3.文字翻譯，4.口語翻譯，5.資訊服務等。

該所歷來的研究人員相當多：1.研究阿拉伯及近東，曾經有過十八位。2.研究東南亞的有十三位。3.研究東亞的有十八位。4.研究非洲的有十位。所以該所成就了不少對東方研究有舉足輕重的學者。

這次我們所見到的該所學者，只有四位，其中有三位會講中文：一位是該所所長發斯（Fass）博士，他是遠東問題專家；第二位是高馬士（Kolmas）博士，他現在是魯迅圖書館館長，是中國近代文學及現代文學和西藏研究的專家；尚有一位女士，是魯迅圖書館的館員Srajerova博士。

由於該所的範圍很大，我們在接受咖啡的招待之後，即由高馬士和那位尚未有中國名字而能講一些中國話的女館員，僅帶我們參觀了專門收藏中文書的魯迅圖書館。

該所的魯迅圖書館，也就是漢學研究部，成立於一九五二年，那是由於普史克（Prusek）教授於一九三〇年代，在中國大陸研究中國文學，而且和魯迅等重要文化界人士相識，到了一九四九年，促成了郭沫若帶著一個四十二人的訪問團到了布拉格，其中包括茅盾、馬敍倫等文學家、藝術家、教育家，而跟捷克簽訂了文化交流協定。到一九五〇年普史克教授再度訪問中國大陸，即由大陸方面爲他從各處蒐集到了中國歷史文獻等漢學著作共兩萬七千冊，加上捷克原有的兩千冊中國古書，故於一九五二年成立了魯迅圖書館，作爲紀念。

▲布拉格市東方研究所門前，左起：高馬士博士、作者、Srajerova博士、性空法師。

到了一九六〇年代，該館的漢學書籍，增加到五萬五千冊；目前實際收藏的圖書是六萬六千冊。其中屬於成套而大部的，包括有：1.漢、魏叢書，2.四部備要，3.二十四史，4.《四庫全書》珍本，5.知不足齋叢書，6.散曲叢刊，7.盛明雜劇三十種，8.古本戲曲叢刊初集、二集、三集、四集、九集，9.元人百種曲，10.清人雜劇二集，11.道藏，12.頻伽藏《大藏經》。在期刊雜誌方面則有：《小說月報》（西元一九一〇—一九三一年），《新青年》（西元一九一五—一九二二年）。同時也收藏了德格版的《西藏大藏經》。像這樣豐富而珍貴的漢學藏書，在歐洲可能沒有第二個圖書館跟它相比了。像《四庫全書》珍本，也就是文淵閣藏本，我只有在臺灣的故宮博物院見過，那是乾隆年間（西元一七三六——一七九五年）逐字逐句由大批的秀才們來抄寫的，筆筆工整，字字清晰，既是古文獻，也是藝術品。

那位魯迅圖書館的創始人普史克教授，即是當時捷克漢學界的重鎮，他和中國五四運動的現代文學作家們如魯迅、冰心、茅盾、郭沫若、巴金、鄭振鐸等人，過從甚密，所以他挑選了中國現代文學，作爲他研究的對象。他回到捷克之後，栽培了好幾位年輕的漢學家。可惜到了一九六八年的九月，蘇聯鯨吞了捷克，他們對於漢學的研究，也就進入了冬眠期。普史克的學生，例如米列那（Milena Dolezelova-Velingerova）教授，是一位傑出而國際知名的漢學家，也因此而告別她的祖國，輾轉到了加拿大。

我相信今後的魯迅圖書館，一定會發揮它的功效，縱使高馬士博士向我一再訴苦，他們擔心著搬出這座Lazenska修道院之後，不知會怎麼樣？甚至對我說：「修道院既沒有什麼人，也不做什麼事，還是要把房子收回去，眞是不可理喻！」我能理解他的心情。可是我是宗教徒，對這點則頗有感慨，回溯清末的中國，曾有張之洞向光緒皇帝獻議：「廟產興學」，我們佛教界不能忍受，對把修道院改成東方研究所，當然也不敢苟同。所以我鼓勵該所人員：「明日會更好，有獨立的天地，總比寄人籬下好得多。」高馬士先生苦笑著點點頭。

這座東方研究所的工作人員及研究人員曾經有一百多位，目前雖只剩下五十四人，還算是一個相當大的研究機構，因爲捷克有深厚的文化和教育基礎，我相信該所在度過目前的艱困時段之後，必定有遠大的明天可見。

四二、哲學院．禪學會

十月十五日的下午三點，我們由性空法師及羅然教授陪同，再訪布拉格的查理大學哲學院，由於布拉格市的建築古老而特殊，這座大學的校舍，也分布在好幾處不同的地段，他們的圖書館、漢學部、哲學院，並不在同一個校園，還有其他院系也是一樣，看來各自獨立而實際的行政體系是統一的。羅然教授是漢學部的人，也在哲學院任課。

到目前爲止，這個哲學院的方向，是以西方哲學爲主，對於東方佛學的研究尚未開始。因此，羅然教授再三的提醒我：要我在見到該校的哲學院長時，鼓勵他增設佛學課程，擔當這項課程的理想人選，當然就是性空法師。這項建議如被接受，對捷克有兩大利益：1.防止人才的外流，2.在捷克擴大了學術的視野。引進佛學，無異是爲捷克的文化，帶來新的契機。

該院的院長是霍莫卡（Jarmari Homolka）博士，他的專長是藝術，怎會成爲哲學院長的，則不清楚。他通曉英文，所以送他一套我的英文著作，不過在他的辦公室四壁書櫃中，很少是英文的著作，乃是以西方的宗教哲學爲主。其中有一本他的珍藏，已有六百多年的歷史；至於三百年前的出版品，則隨手取來即是。我問他那些古書用的是什麼語文？他說是捷克文。原來藏於修道院，在一九九○年之後，就轉到該校的哲學院。那些書都是巨大的精裝本，皮面燙金，紙質也非常柔韌。歐洲畢竟就是歐洲，他們似乎並沒有把三百年前的書當作古物看，而是隨意的散放在架上。無怪乎上午參觀的東方研究所，把文淵閣藏的《四庫全書》珍本，也沒有加以特別保存的措施。

當我建議在他們的院裡開設佛學的課程時，他的回答是：

▲布拉格大學哲學系主任霍莫卡博士展示其所收藏之西元十八世紀出版之歐洲歷史書。

▲作者於布拉格禪學會指導禪修之後與數青年在戶外合影。

「沒有人教，也沒有這筆預算。」羅然教授馬上向他推薦性空法師可以教。

我也告訴他：「窮的感覺到處都會發生，許多人以為美國是今日世界的黃金國，可是我在美國感覺到很窮；今日的臺灣，她的外匯存底有八百億，我從臺灣來，依舊感覺到窮。但是我在美國和臺灣，正在做著我們要做的事。當貴校有了佛學課程之時，我們彼此間也可以合作來做些什麼，譬如目前就有貴校畢業的青年在我們的研究所，將來很快也可以成為貴院的教師人才。」這位院長聽完我的話，眼睛閃著光芒，答應在不久的將來，請性空法師給他們開佛學的課程。

這本是個好消息，卻為性空法師帶來了難題，教書、修行、出家的生活是不是會有衝突？他的目的是要把佛法傳到捷克，若在大學擔任教職，還能有多少時間向一般大眾弘揚佛法呢？他有些懷疑。他說至少他要等到在禪修工夫方面更深一些之時，才可考慮到大學任教。基於這個原因，他在把我送走之後，立即就要回到錫蘭的山洞精進修行。他眞是一個小乘型態的修行者，不過他對布拉格佛教的推動及成長，抱著很高的信心與希望，我深深的為他祝福。

當晚的六點到九點，我和果谷沙彌被魯彌爾安排到他們的禪學會，講解並指導禪的理念及修行的方法。原來只提供二十人打坐的一間教室，結果竟來了一百五十位青年。那間屋子是專門供給舉辦身心健康活動之用，有瑜伽、太極拳、跆拳道、音樂及舞蹈教練等，而禪學會的活動則是在每週四的晚上。

這個禪學會的成員之中，有十多位曾經去波蘭參加過韓國崇山禪師的禪七，多半只是從書本得到一點消息，有的是在這幾天來聽了我的演講，才對於禪的修行產生了興趣。

由於所到的人數太多，雖然室外非常寒冷，室內卻悶熱異常，空氣混濁，那些年輕的大眾，並沒有感覺不舒服，倒是我感到呼吸困難。我試著把窗子打開，結果大家被冷風一吹，又噴嚏連連，所以還是關上了窗戶。於是，就像是在一隻悶葫蘆內，運轉法輪，我強打起精神，頭腦還是不很清楚，所以做了十五分鐘的講解，頗有昏厥的預兆，我只好盤起兩腿，運用微量的空氣，來調整我的身體。同時，我把坐禪的要領和坐禪的姿勢等的指導，交待果谷師全程擔任。畢竟是他年輕，竟然若無其事的上完了一個半小時的課，然後由我主持禪修問題的解答。

雖然我不舒服，還能使得參與的全體人員，感到相當滿意。

四三、蘋果與梨子・猶太墓園・神話

十月十六日，星期五。

上午九點三十分，又有一批布拉格大學宗教系的學生到旅館訪問我，談了九十分鐘。其中有些是在道明會聽講的聽眾，他們很想知道世界上的眞理是否只有一個？如果說不是，那兩者之中一定有一個不是眞理；如果說是，那爲什麼有那麼多不同的宗教，根據不同的信仰，追求不同的目標？

因爲他們是在天主教的文化背景中長大的，所以相信眞理只有一個，不過由於不同的宗教給了眞理不同的名稱，例如：回教的阿拉，基督教和猶太教的上帝，佛教便稱爲佛。所以他們問我：「佛教實證涅槃的經驗是不是跟基督教的見到上帝相同？」如果不相同，就會使他們感到困擾。

我給他們做了一個譬喻：「當你飢渴的時候，正好遇到一籃子蘋果，你會覺得很好吃也能吃得飽；另外一個人當在飢渴時，正巧碰到一籮筐梨子，也能使他解渴充飢，他們兩人的經驗應該是相同。不過梨子不是蘋果，蘋果不是梨子；沒有必要把蘋果叫梨子，把梨子叫蘋果。」

我這個回答，多半的人贊成，只有一人提出異議，他說：「如果是這樣，見到上帝或親證涅槃是相同的囉！也就是說升天國，見上帝或佛，是一樣的，對不對？」

這眞是一個聰明的學生，很會問問題，可謂一針見血。我只得告訴他們眞話：「從人心的安慰和寄託而言，佛教和基督教都可以達成相同的效果，可是我在道明會修道院已經講過，佛教主張一切現象是無常的，不論是物質現象或精神現象，小我的個人或大我的全體，都是無常的，也就都不是眞的眞理，唯有親證無常的空，那就是涅槃，那才能得解脫自在。因此我必須要

▲布拉格市中心猶太古墓園。

說，基督教的見到上帝，和佛教的親證涅槃，兩者之間並不相同。」

這班青年聽完之後已經沒有話可以再問，可是，其中有一位青年臨走時告訴我說：「我們是天主教徒，對你的解答聽懂了，但是要好好的想想才能消化，也許要花很長的時間。」我想這次座談會，僅是給他們的菩提種子上灑了一點水，何時發芽生長，且待進一步的因緣了。

十月十六日的下午兩點，我們被性空法師帶去參觀猶太人墓園，因他自己是猶太後裔，一定要我去看看。據他說布拉格的猶太人已有千年以上的歷史，第二次世界大戰之前，還有二萬到三萬人聚居於猶太區，由於被德國人佔領後受到希特勒納粹黨的迫害，先被關進集中營，嗣後被大屠殺，現在只剩下一千多人。

這座猶太墓園中最早的墳墓，也有千年以上，至於形成現在這樣集中營式的墓園，是後來的事。其中有幾位名人的墳墓，是始於西元十五世紀，其他的則只見重重疊疊橫七豎八的墓碑，不見墳墓了，因為墓園的範圍不到一英畝大，數千塊墓碑，已顯得整個的墓園是那樣的擁擠，其中有一些墓碑，可能是從其他地方移置於此的。否則的話，在地面地下埋葬的遺骸，該是重疊著好多層了。

有十多個重要的墳墓，不僅墓碑高大，銘文詳細，石廓所佔的面積也有兩、三公尺大小，相信那些都是猶太人中的領袖人物。

其中也有一位猶太教的教長，性空法師累次提起他的名字，叫落貝勞（Rabbi Löw），是西元十六世紀的人，他有神通，當時捷克的國王也迷信神通，據說他能用咒術將泥巴人變成活人，落貝勞的盛名，就是這樣傳播開來，如今布拉格市區有一棟大樓的角上，面對著大街，塑有一座兩丈多高落貝勞的黑石雕像。

性空法師對布拉格的神話傳說，津津樂道，如數家珍。從猶太墓園出來，他又要帶我們去看浮士德（Faust）的故居。在西洋史上有兩位浮士德，而且都是西元十五世紀的人物，一位是曾以財產資助發明者而完成活字版印刷業的功臣。另一位則是德國文學家哥德（Goethe西元一七四九—一八三二年）筆下的戲劇人物：一位宗教改革時代的哲學家浮士德，他專攻哲學、科學而沒有成功，轉而研究魔術，因此而被惡魔誘惑，經歷許多幻境，最後得到天使的幫助，上升天國。哥德寫這部書，前後經過六十年的洗鍊，所以成爲西方文學史上不朽的名著。由於傳說這位魔術師的浮士德，曾經在布拉格大學任教，也在布拉格升天，連他的肉體一起帶上了天，所以他的故居的屋頂，至今還留著一個洞，因我不想相信那是事實，故也未去參觀。

四四、博物館演講・雲遊僧

當天晚上五至七點，還有一場演講，那是在亞、非、拉丁美洲博物館的大禮堂，禮堂中原先預備的椅子只有兩百多張，可是我還沒有開講，已經來了三百多人，許多晚到的人，只有席地而坐或是站在四周，甚至使得擔任這場演講主持人的該館漢學家烏金（Zlata Černá）博士，都沒有坐的位子，而依在演講臺的邊上聽完這場演講。還有後到的人，擠不進來，在門外轉了兩轉，向隅而去。他們並沒有做公開的廣告宣傳，僅僅貼了幾張小型的傳單。想不到我在布拉格的幾場演講，聽眾的情況像滾雪球似的越滾越多。

當晚的講題是「中國禪的傳統」，分成四個主題：1.要有宗教信仰，信仰佛說：「眾生皆有佛性」。2.要有哲學修養，禪的哲學是從語文和思想，而達到離開語文和思想的目的。3.要有藝術的內涵，從心靈的美感，表現出詩、畫等的美術作品。4.生活即是修行，禪的智慧不離平常的生活，從平常的生活體驗禪的智慧。

這場演講在過程中並沒有多少掌聲，好像捷克人不知為什麼而失去了幽默感。但是他們聽得都非常認眞，羅然女士的翻譯使得這場演講相當成功。

最後有兩位聽眾，分別提出了兩個問題：

第一問：「你講開悟和不立文字，究竟是怎樣的情況？請加以說明。」我反問：「開悟的境界既然是不立文字，還要我怎麼跟你說。」於是引起了哄堂大笑，全體鼓掌。

第二問：「你是一個什麼樣了不起的人物？跟我們有什麼不同？」我的回答：「對不起！我跟你們一樣是普通人，不過我能教普通人成爲更有智慧的人，而且要成爲比我更有智慧的人；就像一個籃球教練，他懂得教人如何打球，如何訓練他人成爲傑出的明星球員，但是這個教練自己不一定就是傑出的球員。」又引起全場熱烈的鼓掌。

因爲那兩位發問的聽眾，問得相當尖銳，口氣很不禮貌，經過大眾這兩次的鼓掌，就把整個會場的氣氛變成非常地輕鬆和諧。這場演講，也就在皆大歡喜的情況下結束。

從演講會場出來，我們被性空法師的俗家親人包圍，他的二姊、姊夫、外甥、外甥女，以及目前住於倫敦的大姊和大姊的兒子，一共六人，把我帶到一家小餐館喝咖啡。其實我已很累，很想早點睡覺，咖啡也喝不下去，點心根本不想吃，我卻不能不接受他們的美意招待。

在咖啡店入座之後，我第一句問的是他二姊家的那隻貴賓狗，是否安然無恙，性空法師的外甥女非常歡喜的說：「牠是我們家的老人，所以患這樣的老毛病有幾年了，發作之後很快就好，謝謝你的關懷。」我相信，這條狗在他們家，的確就被當作一個人來看待的。

然後他的大姊，非常關心性空法師這一趟在捷克會逗留多久？性空法師沒有回答，倒是他的二姊講了個故事說：有一個沒有國籍的猶太人，出生在捷克，旅行到以色列，不小心遺失了他所有的證件，以色列趕他出境，捷克不讓他入境，因為他的家族還在捷克，所以替他證明，為他擔保，好不容易才辦妥了公民的身分，官員跟他說：「現在你可以在我們的國家長期居留了。」可是那位猶太人的回答說：「不，我還是喜歡旅行！」他的國籍僅是讓他又可以去旅行了。我知道他二姊講這個故事的用意。因此我問：「那個人，該不是性空法師吧？」性空法師沒有正面回答而說道：「我三天以後就要去錫蘭。」因此引起他們全家的哄笑。

四五、歐洲宗教藝術・前往布魯塞爾

十月十七日，星期六。

到此為止，我在布拉格的訪問日程已告結束，可是要到晚上六點五十分才能搭上飛機前往比利時的首都布魯塞爾（Brussels）。如何安排這一整天的時間呢？在我個人，是很希望藉此機會在旅館痛快的休息一天，因為我感冒、頭痛，加上腸胃不舒服，可是，必須在上午十點以前，把房間鑰匙交還給櫃枱，結清帳目，否則要算另外一天的租金。我們只好在吃過早餐之後收拾行李，略微休息，就把箱子寄存到樓下櫃枱，然後坐在旅館的接待室枯候。

上午十一點多，魯彌爾把他借我們用的廚具及我們用剩吃剩的用品及食物，用一隻大背包背了回去，並且說聲再見，算是送別。接著我們要了咖啡和點心，算是當天的午餐，然後性空法師建議：布拉格值得看的東西很多，何必坐在這兒，妨礙旅館的作業。

就這樣，叫了計程車再去古城堡。距離雖然不遠，車程相當長，因為在布拉格的市區，許多地方都受交通管制，必須繞道而行。上車之後幾乎是朝反方向行駛，我們以爲司機走錯了路，當果谷師提醒司機時，性空法師便代爲解答：「應該相信司機。」如果爲了省錢，最好是步行，可是那天正在刮著寒風下著勁雨，不但會淋濕衣服，且會加重我的感冒。

我們到了古城堡右側的一座博物館前下了車，沒有想到，那是星期六的下午，該館已關了門。性空法師安慰我們說：「不要緊，附近還有幾家博物館。」這樣一來，我們依舊得步行一段路，頂著風，冒著雨，踏著濕漉漉的石鋪路面，走了大約五分鐘，到了另一間博物館，幸虧果谷師那天的頭腦很靈，出門時從行李箱中取了一把隨身攜帶的小傘，爲我打著遮雨。

那座博物館，總共兩層樓，展出的都是西洋畫，有古代、近代和現代的。它們的題材多半是以宗教的歷史文物及歷代王朝的政治人物爲主，特別是圍繞著基督教《新約》的故事描繪者最多，如果站在佛教徒的立場看那些作品，可能有些隔閡：第一，因爲不熟悉基督教的精神；第二，因爲不能體會基督徒的信仰。所以跟佛教的文物是截然不同的，例如基督徒特別強調耶穌的降生於馬槽，然後被門徒出賣，釘死於十字架上，然後傳說耶穌的復活。這裡面充滿了宗教的迫害、信仰的壓抑而產生激情的抗爭，雖把憤怒、無奈寄望於天國的降臨，耶穌的悲慘遭遇卻已是無可挽回的事實，以致於形成後世的基督徒們在求升天國的同時，也跟現實人間的異己者拼死抗爭。而在佛教的藝術品中，你看不到類似基督教那般血淋淋的畫面。佛教是用智慧來處理現實的人間問題，以慈悲來救濟人間的種種苦難。

當我看完那些名貴的繪畫作品已有頗多的省思：因爲在那些繪畫之中以耶穌受難爲題材的作品相當的多，基督教的信仰也就以此爲中心，相信由於耶穌的受難而爲人類贖了罪，人類從此就可以由於信仰耶穌基督而免於下墮地獄，並且上升天堂。若是站在佛教徒的立場看耶穌的受難，便有另外的感受。無論怎樣，他已安慰了西方社會的大眾，如果沒有耶穌的出世，西方社會就可能沒有道德的水準了。

我們飛往比利時的班機是屬於捷克航空公司，經過一小時又二十分鐘的飛行，抵達布魯塞爾機場，海關對我們相當友善。出了海關首先見到的是比利時魯汶大學（Université catholique de Louvain）蘇忍（Hubert Sauren）教授的太太，向我們揮手招呼，告訴我們，她的先生正在外面的車上等候。這對夫婦，今（一九九二）年七月間，曾經出席中華佛學研究所召開的第二屆國際佛學會議，也促成了我這次訪問比利時的因緣。

由於魯汶大學是天主教教會所辦，故與該國天主教各修道院都有相當密切的關係。當天晚上，蘇忍教授夫婦，就把我們師徒兩人，送到距離機場約四十公里路程的一座森林中的修道院過夜，抵達時已過了晚上九點三十分。

奇妙的是蘇忍教授本人，跟這座修道院的神父並不相熟，乃是通過另外一位也在七月份出席了我們本所舉辦的國際佛學會議的比利時神父傑魁斯（Dr. Jacques Scheuer）做的介紹，把我們安排在那兒住兩個晚上。因爲時間已晚，這座修道院的住眾正在自修或者已經準備養息，另有一位執事，把我們帶到兩個不同的房間，然後他們的院長彼爾芳濟（Pierre Francois）神父，到我房間打了個招呼，表示歡迎，並且向我說明洗手間、冷熱水以及毛巾毯子等的使用法和收藏處。最後問我：「明天的早課是六點半，你如果希望參加，聽到鈴聲就到我們隔壁的祈禱室（Chapel）來。」說完就離開了。

四六、森林修道院

十月十八日，星期日。

昨天整日很累，晚上倒頭就睡，沒有注意到這座建築在一大片森林中的修道院環境如何。這天早晨五點起床盥洗之後，打坐一小時，就聽到修道院第一次的鈴聲。

我注意當晚所住的房間，是在這座修道院進門的正面一棟平房。低矮的天花板伸手可及，大約六坪大小，正面密封，背後開窗，對著森林，室內有小型洗手槽，進門左手有兩小間壁櫥，右面壁上有一小排書架，一張小型書桌，兩把木質舊椅，一張寬僅容許一人躺臥的木板床，床上鋪著一墊兩蓋的毛毯，都已相當陳舊，一大一小的兩條毛巾，聞起來也有霉臭的味道。僅有一個便槽的小廁所，是在室外的走廊盡頭，由這一排三個房間所住的人共用。並未發現洗澡的浴槽和淋浴的設施，後來知道他們有一個共同淋浴的地方，我們僅住兩夜，而且氣候寒冷，也就沒有去使用。這就是該院神父及修士所住的房間設備，他們把我當成貴賓，這個房間算是最大。經驗一下歐洲修道院清苦而簡樸的生活，也是很有意

▲森林修道院正面。

義。他們沒有布置一個專門接待貴賓的房間，也正是修道院的特色之一。一般人若住進該院也當體驗修道生活，暫時忘掉俗世的享受。

六點二十分，聽到第二次的鈴聲，全院的神父和修士們，都穿上了白色的長袍，陸續進入祈禱室，就在我住宿的那排矮平房的右側山坡上，通過室內的走廊就進入祈禱室；這是修道院中最主要的建築，也是最高最大的建築。四邊雖用紅磚，屋頂及樑柱則用木料結構，據說就是採用這森林內砍伐下來的材料，外觀雖是硬山人字坡頂，中間卻沒有支柱，故從內部看來則是拱形。室內靠後壁是聖壇，從其正上方的圓拱天窗，垂掛耶穌受難十字架聖像，聖壇背

▲森林修道院的祈禱室。

後在一般的教堂是彩色玻璃，而這個祈禱室則是密封的磚牆。聖壇的右側地上，點有一盞油燈，長明不熄，而聖壇前有一張供桌，桌面供有三支白色蠟燭，在早晚課之時點亮，課完熄滅，那是象徵著聖子、聖靈、聖父三位一體，都是用光明來代替。室內設有五十多把皮墊木椅，以U字形的擺成三排對著聖壇。我和果谷兩人被安排在他們院長右手的鄰座。

　　早課開始，首先閉目靜坐三、五分鐘，然後一人一冊課誦本，裡面都是拉丁語的聖詩讚歌以及《聖經》的原文，由一人起腔，全體十多位神父、修士一同唱誦，也有部分是單獨一人朗誦某一段課文之後，再由全體合誦。帶頭的人似乎是輪流擔任，我參加了兩個早課、一個晚課，都由不同的人帶頭，院長在第二天早上坐在另外的一個位子，看來也不是主席，目的是爲了他要陪襯另外一位神父唱誦某幾段經文。由此看來，他們的院長，在祈禱室內並不就是主持儀式的人。

後來我問這位院長彼爾芳濟有關修道院的尊卑倫理關係。他說雖然有院長、神父、修士的差異，彼此卻都以兄弟（brother）相稱，在職務上有高低，在修行上也有前後，在組織上或精神的指導上，都以院長的指示爲原則，平時的生活則一律平等。他說他做院長的好處，就是多犧牲時間和心力，來照顧修道院和同住的大眾，所以他是該院十九個人之中最忙的人。

用拉丁文所唱誦的早晚課，當然我無法懂得，唱誦的音韻相當和平，沒有太高太低，讓人聽來彷彿是從天外飄落下來的讚歌，頗有超塵脫俗，沒有煙火味的感受。這跟我在基督教堂所聽到唱聖詩那般的熱情不太一樣。我想，人在這樣的修道院，生活幾年之後，一定也能成爲一個有修養的人了。

早課之後，立即進入他們的餐廳，院長安排一位七十多歲的神父跟我對面坐下，他的中文名字叫耿芳績（R. P. Francis de Grunne）。因爲他在四十多年前曾在中國大陸住過，還能講幾句中國話，聽說我於明（一九九三）年的初夏可能會去四川的重慶，所以交給我一份資料，千萬要找到他的老朋友，也是比利時籍的周邦舊（Br. Peter Zhou Bangjiu）神父，可惜他不知道那位神父的地址，只知道他是住在成都，要我到了重慶再代爲打聽，這是他交待我的一個大任務，我想試著去辦吧！

▲作者與森林修道院院長彼爾芳濟神父，在他的禮拜堂合影。

他們用餐，是採取自助式。早餐很簡單：咖啡、牛奶、麵包、起士、果醬，就像美國式的早餐一樣。他們以爲我是中國人，特別爲我煮了一壺中國茶，這番用心相當感動人，可惜對我的腸胃而言，咖啡要比清茶更好，那壺清茶就讓他們自己分享了。

第一天早餐，是由他們把食物端給我們，到第二天的早餐，就讓我們自己處理了，像類似的待客之道，値得我們學習。

早餐之後，那位現年五十六歲的院長，帶我參觀他們的修道院，他能說相當流利的英語，還懂簡單的日語。他告訴我，這座修道院的歷史才二十多年，建立於一九七一年，它的名字叫Saint Andre，面積只有三英畝，屬於Saint Benedict派（西元四八〇—五四七年），這是一位西元第五到第六世紀天主教的聖人。目前該院住有二十位神父及修士，年齡最小的也有四十歲，最老的已是八十多歲，因爲很少有人願意出家，故有後繼乏人的危機。

非洲的剛果，曾經是比利時的殖民地，當年比利時的神父去剛果傳教，而現在則是剛果的神父到比利時來充實他們修道院的陣容。

這位院長告訴我，他們進入修道院，必須遵守三條誓願：1.過貧窮和獨身的生活，就是沒有私人財產和物質享受，也必須終身守持男女的淫戒。2.服從院長，服從神師的指導。3.終身不離本派的修道院。

由此可見，天主教的修道院中，沒有個人自由，也沒有個人經濟生活，若要到外地及國外傳教，必須是受教會的派遣，也受教會的節制，否則就算離會。正由於這樣的原因，要完成一個神父的資格，需要經過相當時日的培養。

從另一面說，這一派的天主教士，又非常開放。我在他們的修道院看到一個小型禪堂，就跟日本的禪堂那樣具體而微，是由這個修道院的創始人所設計，他曾到過日本，參加過禪修。

接著又把我們二人帶到他的院長室，那是非常簡單的一幢小樓房，從外面看是單層平房，裡面則架了一個閣樓，樓下是他的書房，樓上是他的臥鋪，跟我們紐約禪中心一樣，也沒有床鋪。書房沒有椅子及書桌，只有一張日式的矮桌，他的座位就是日本禪堂用來打坐的黑色圓布墊。使我更意外的是他的書架藏書，英文、日文、德文及法文的禪學著作幾乎佔了三分之一，而且還蒐集了禪堂用的長短香板兩根，他聽說我是中國的禪師，就更加的恭敬。

這位彼爾芳濟院長，也曾在日本的禪院參加過禪修活動。而且又是「東西靈性交流會」（The Spiritual Exchange East and West）的成員之一，那是一個歐洲天主教會與日本禪宗各派間建立的一種交流活動。在歐洲的天主教方面有一個天主教教士們組成的「宗教對談修道委員會」，日本則有曹洞及臨濟兩派的禪僧加入這項活動。雙方的層次都很高，天主教方面，出動了現任教宗若望保祿二世，日本方面參與者有臨濟宗的名禪僧山田無文老師等人。

這個靈性交流會，從一九七九年到一九八七年之間，已召開了三次會議。第一屆是日本禪僧訪歐洲修道院，第二屆是歐洲天主教教士組團訪日本禪宗寺院，第三屆又由日本禪僧組團訪歐洲修道院。他們在會議期間，分享彼此的修行環境及修行方法。例如禪宗有日本的「接心」（禪七），天主教則有「避靜」的靈修。

這位彼爾芳濟院長，參加了第三屆「交流會」，從他贈送我的一大冊日本的《第三回東西靈性交流報告》中看到，其活動內容相當豐富。包括在同一所修道院望彌撒，同在十字聖架下用餐，同在禪堂、佛殿、祈禱室坐禪，做課誦。

類似的交流，至少已將彼此對立的局面化解了。不過會有什麼樣的影響，尚難預料。如僅限於高階層的教士及禪僧之間交流觀摩，不會發生信心的危機，假如對於一般初機的信徒，如果也做類似的交流，恐怕就會帶來問題了。

當天晚上，他們的院長集合了全院的神父和修士，圍繞著我，也做了一場東西靈性交流的座談，要我介紹自己如何出家，如何修行，以及如何訓練弟子。我也問了他們一些修道生活的問題，雙方有共同點，有不同點，譬如用念珠、燒香、燃燭、合掌、課誦等，外貌相同，涵義各異。

我從臺灣帶去送給他們的禮物是一盒臺中的名產「太陽餅」，我跟院長講，太陽在佛教是代表智慧的光明，所以他們在當晚每人吃了都很高興。修道院的食物簡單，卻未禁肉食，為了我在那兒作客，這座修道院也吃了三餐素。

第三天上午臨走前，我要給他們一些金錢的捐助，彼爾芳濟院長則說：「你是我的貴賓，將來我也可能去你們臺灣。」因此這份心意，只有等到以後的因緣再說了。

四七、魯汶大學

十月十八日上午十點，魯汶大學的蘇忍教授，開車接我們師徒兩人去訪問他們的大學。在途中他問我：「晚上住得可習慣？」我說：「很好，是難得的經驗，修道的生活跟我們佛教的叢林類似，清淡、簡樸、安寧。不過我發現沒有比較年輕的教士。」

蘇忍教授告訴我的實情是：現代社會物質的文明，以及傳播媒體的渲染，使得青年人不會想到要去修道院修行，所以目前比利時境內只有五十多所修道院，神父和修女的總人數大約五百位，而他們全國的人口數是一千萬，可謂不成比例。我告訴他，在我們佛教，也有這種問題，現在的西方人很難願意做終身的僧侶。即使是東方，日本已不用說，就是臺灣，漸漸的也會有困難，至於香港和南洋問題更形嚴重。不過近十多年來，臺灣佛教界的出家青年，已漸漸的多了起來，在二千一百多萬人口之中，有八千名左右的僧、尼。至於像這樣的情況，還能維持多久，則要看佛教徒們的努力方針以及社會結構的變化而定了。

這天恰好星期日，學校放假，蘇忍教授好不容易找到了幾位相關的教授，跟我會面。其中除了蘇忍，主要的還有四位：該校東方學部的主任教授Jacques Grand'Henry、該校出版部的負責人蒂洪（Duhoux Tihon）女士、該校法學及經濟學系的教授吳逸荃博士，找他來，主要是爲我擔任法語翻譯，當然，傑魁斯神父也在那兒。

這個座談會的場地是在該校的東方學部圖書館二樓。本來約好該館會派人準時開門，結果那位負責圖書館門戶的青年，那天早上睡失了曉，用電話催促，他才睡眼惺忪的匆匆趕到。這樣一來，已經讓我們在門外的風口中站了三十分鐘。

其中給我印象深刻的是吳逸荃教授，她是一位才四十多歲的女士，一見面就非常熱忱的向我做自我介紹：她出生在臺灣，到日本讀完經濟學碩士學位，然後跟一位比利時醫師結婚，隨著丈夫回到比利時，便在魯汶大學完成了法學博士學位。目前的吳教授，身兼四職，她是家庭主婦、孩子的母親、法律和經濟學教授，還兼任東方學部中國語文的老師。所以她對中國的儒、釋、道三種學問，也都有涉獵。我也幸虧有了她的幫助，在那天的行程中得到很多便利。

進了圖書館，上了二樓，首先讓我參觀東方藏書中的漢籍部分，特別是有關漢文的佛典。其中一個書架陳列著我們中華佛教文化館影印的《大藏經》正續兩編全套一百大冊，使我感到親切。據吳教授說，那是一位史教授在過世之後，就把這套《大藏經》捐給了學校的圖書館。我問蘇忍教授：「目前在貴校擔任佛學課程的有那幾位？」他說：「非常遺憾，自從主持佛學研究計畫的歐洲佛學權威教授勒莫德（E. Lamotte）神父過世之後，便後繼無人了。」

蘇忍本人不是研究佛教的專家，但很希望能夠在該校恢復佛教研究，故在去（一九九二）年曾經召開一次國際佛教學術會議，明（一九九三）年還希望召開第二次，因此當面邀請我，願我能親自出席。這回由於我到該校訪問，也讓該校東方學部的負責人，更有信心辦好第二屆的國際佛學會議。

我們在座談會中，討論了兩個主題：

（一）探討該校東方學部和中華佛學研究所之間建立學術交流、師生交換的管道之可能性。可惜的是，到目前爲止，該校沒有專攻佛學課程的研究生，也沒有人可以擔任研究佛學的博士課程，中華佛學研究所的學生就不容易到該校深造，他們希望由中華佛學研究所先派一位教授到比利時學習法文，然後擔任佛學課程，這對我們來說是很不經濟而且相當迂迴的作法，一時間不能考慮；倒是可以接受他們宗教系畢業的學生，到臺灣做幾年的研究，然後回去擔任魯汶大學的佛學課程，比較可行。

（二）討論該校與中華佛學研究所合作，中譯並出版勒莫德神父的代表作：法文的《大智度論》。雖然這部論典的原著是中文，而被勒莫德神父譯成法文之後加上許多註解和考證，就像是一部大百科全書，所以有它不朽的價值。其中的部分已翻成英文，我們臺灣有一位郭忠生先生已經得到英文本翻譯出版的授權，並且在臺灣印行。現在該校希望我們直接從法文譯成中文，也是希望我們最好派人到比利時，從事這項翻譯的工作，以便跟該校的法文人才配合。他們的目的似乎還是希望以這項翻譯的工作，來推動該校對佛學的研究和教學，可謂用心良苦。不用說，這項座談會僅是初步的接觸，並沒有具體的結論。

勒莫德神父的著作很多，除了《大智度論》，尚有無著菩薩的《攝大乘論》，以及《維摩經》、《印度佛教史》等。看樣子魯汶大學要恢復到勒莫德神父時代研究佛學的水準，還有待一段時間的努力。唯以一所天主教的大學，尚能注意佛教的研究，應該值得我們支援。雖然他們的目的，不在於弘揚佛法利益眾生，而在於學術的探討。這種工作還是需要有人做，可惜我們國內對於佛教學術化的高級研究風氣，尚在起步階段，自顧尚且不暇，那兒還能挪出一隻手來伸到歐洲去協助他人呢？

這項座談的時間不足一小時就已到十二點，接著由該校東方學部的主任教授作東，去附近一家中國餐館，以素席招待午餐。

四八、古修道院遺跡

午後，我們被帶去參觀一座已經荒廢的古修道院遺址，由蘇忍教授及傑魁斯神父開了兩部車，另外同行的還有吳逸荃教授和蒂洪女士同行，另外還找了正在負責清理和維修這座修道院的工程師夫婦兩人陪同說明。

▲古修道院遺跡。

這座修道院的名稱是維里爾斯（Villers Abbey），屬於羅馬天主教會的一個支派，叫作西妥教派（Cistercians）。它的歷史可溯源到西元第六世紀，迄西元十一世紀末，始由莫勒斯昧

（Robert, Abbot of Molesmes）在比利時設立這個教派，而由聖伯納（St. Bernard）於西元一一四六年在艱困中創建了這座修道院。

當時的國王嘉什爾一世（Gauthier the Ist），不希望他們建立這座修道院，而是應了一位公爵的三度要求，才賜給了這塊位於山谷低窪區域的沼澤地帶。聖伯納神父很懂得水利的開發，故在山谷裡開出了幾條深廣的大水道，都用磚頭砌起，將水引入下游，成爲可以灌溉農田的水資源。由於山谷水源的開發和利用，使得附近下游的地區，可以供給八萬戶農民的耕作，漸漸地，這個修道院本身也就自然而然成了大地主。這座修道院，就是沿著山谷，在覆蓋了的大水道上面建築而成。到目前爲止還可以聽到地下水道的淙淙水聲，我也參觀了一個一個的水道入口。

這個教派，原來主張苦行，他們在修道的同時，必須工作，故在修道院內有一塊面積很大的工作場地。他們生活得非常節儉，每天吃的僅是素菜、麵包、水果、起士和少量的魚，而沒有肉；他們的穿著相當粗糙，足登涼鞋，身穿粗毛編織而未經染漂的寬大袍子；平常嚴格要求禁語等。他們之所以受到許多人的信仰，也就是由於他們的生活方式讓人感動。可惜到了西元十四世紀，這些嚴格的規則逐漸被遺忘而變成了奢侈，因此招受到普遍的反感。到了西元十八世紀，該院的第六十四任院長因涉嫌教唆比利時革命而被放逐，修道院也被法國殖民政府沒收，這是西元一七八九年的事。到了西元一七九六年，此修道院被宣布成爲國有財產，逐漸被分割出售，終因雨水侵襲，無人管理而荒廢了。

這座維里爾斯修道院規模宏大，分成六個部分：1.僧侶生活的部分，2.在修道院中修行的俗人所住部分，3.大教堂部分，4.工作部分，5.新出家僧侶所住部分，6.院長所住以及接待貴賓貴族的部分。每一個部分，都有好多建築群，特別是僧侶生活部分和大教堂部分的建築群，都在十座建築物以上。院長所住部分是西元十八世紀完成的，特別奢侈豪華，因此招來當地農民的怨恨，不久由於短暫的革命而被破壞。由於長時期無人照顧，年復一年，到了近代，除了磚牆、石柱以及大教堂頂端的一部分之外，連屋頂、門窗都全部傾塌。雖然比利時政府曾經撥款清理出一個輪廓，但在我們參觀之時，還是到處可以看到爬滿了籐蔓的殘牆頹壁和石柱，已是一座不折不扣的廢墟。蘇忍教授帶我們參觀的目的，是在告訴我們，比利時曾經有過這樣大的修道院，如今當作古蹟供我們憑弔。

這座修道院，在其全盛時代，無異是一個小國家的皇宮。早期所用的建材是磚，後期用石，至於教堂部分，雖沒有倫敦西敏寺大教堂和捷克維妥斯大教堂那麼精細、花巧，但所用的大理石原材，還是一樣的精美。整座教堂，從山上俯瞰

▲於比利時布魯塞爾之維里爾斯修道院之廢墟，作者與果谷沙彌和魯汶大學的接待人員合影。

就是一個十字架的形狀，縱的部分有一百五十公尺長，是禮拜堂；橫的部分是左右兩個講堂。當時的建築技術已經相當的高明，都考慮到通風、採光、聚音等的問題，尤其是僧寮之間的組合，相當密切。以致那位做我們嚮導的工程師，每介紹一處，都會講得眉飛色舞，好像這座修道院的最初設計人就是他。可是當我們離開之時，他又表現出相當的無奈，他說：「維護的工程費快要沒有了，我的工作也快結束了。將來它會變成怎麼樣，我就不知道了。」

如此一座古修道院，以比利時政府的財力，竟然無能維修，可見相當窮了，我因此而問蘇忍教授，他說他們出產外銷的東西很少，沒有重工業，只有啤酒等少數農產品，而且現在參加了歐洲共同體，又有盧、比、荷三個國家的聯盟，結果弄得比利時自己的政府沒有權力也沒有財力，而是跟著整個歐洲共同體的聯盟國來動，比起荷蘭來，比利時就很窮。這座修道院，既然已沒有實用的價值，就讓它進入歷史，供人憑弔了。

當天的氣候相當寒冷，並且下著細雨，我看到那幾位陪伴我們的人，都被凍得渾身發抖，臉上卻沒有疲憊的表情。蘇忍教授那天的衣著非常單薄，他還是陪著我看完了這座修道院的全部。那位吳逸荃教授雖備有皮夾克、塑膠頭套，以及皮質手套，還是口中打著噓噓，連對我說了兩次：「今天下午，我本來另有安排，是關於我家孩子的事，可是遇到法師，就像見到了遠道而來的親人那麼高興，雖然今天的天氣這般陰冷，我也捨命陪君子了。」她的確非常豪爽，可惜的是，我還沒有機會跟她談佛法，便在那座古修道院的大門口，對我說聲再見，乘上另一輛車子離去了。

四九、回到紐約

十月十九日，星期一。

前面已經說過，十月十八日的晚上，在森林修道院參加了一個座談會，然後就回房間休息，一睡醒來已經是早上五點，打坐之後，收拾房間，準備離開。

這天早上，我發現這座森林修道院的僧侶們，平常都穿俗服，從頭到腳跟普通的俗人完全一樣，只有朝暮課誦的時候才見他們套上白色的長袍。因此，當我在早餐後要求院長合照，還得麻煩他特別取了那件白袍套上，拍過照他又匆匆的脫下。也許這樣，對他們平時的工作比較方便吧！

我也問起，他們要不要做一些生產事業來維持修道院的生活？那位院長說有，不過每座修道院的性質不同，工作方式也不一，他們這座修道院，是以編印聖書、翻譯《聖經》爲他們的主要收入。而且也常舉辦各種活動，讓信徒們共同參與並且藉此得到一些捐款。我在那兒的那個星期天，就有一場日本式的插花展覽，在彌撒之後，向大家公開，所以看到滿院都是花藝作品。除此之外，尚有其他活動。可見現代歐洲的修道院，已經不是閉鎖的，而是跟世俗社會的脈動保持著聯繫的。

上午九點，蘇忍教授夫婦，在森林修道院的門口出現，是來接送我們趕搭上午十一點二十五分飛往荷蘭首都阿姆斯特丹的班機。

我們到了布魯塞爾機場，蘇忍教授夫婦把我們放下之後就趕回去上班了，對我們搭乘這班飛機，好像有十分的把握，也的確如此，因爲比利時與荷蘭之間，並無關卡，不查任何證件，所以很容易的上了飛機，僅僅四十分鐘，便抵荷蘭首都。倒是在阿姆斯特丹的候機室裡等候了兩個小時，到下午一點一刻，才登上荷蘭航空的班機直飛紐約。飛行五千公里，經過七個小時，於紐約時間下午四點半抵達甘迺迪機場。

這一路上，因有果谷沙彌同行，使我省力不少，不必自己搬運行李，也有人替我辦理出入境手續。

當天在甘迺迪機場迎接我的，有東初禪寺的東西方僧俗弟子二十多人，是我歷年來回到紐約時所見迎接人數較多的一次，也許離開紐約的時間太久了，他們都希望早點見到我吧！

十月二十日，星期二。

我從東方經歐洲帶回紐約的行裝，還沒有來得及整理，就又準備下一個前往美國中西部的行程。而且由於離美三個半月，離開臺灣也有十一天了，所以有許多函件公事等我處理，寫信、打電話、發傳眞，忙了一整天。雖然王明怡居士打電話來，問我健康情形如何？要我好好休息一天。因爲另一個相當辛苦和緊湊的行程，就要在明天開始，而他將陪我同行，故有照顧我的責任。我告訴他：「我很好，請放心。」事實上，我從布拉格染得的感冒，一直到此刻還沒有好，沒有發燒的現象，但有頭痛的症狀。人家感冒，身上皮膚感到寒冷，我是從胃裡向外發冷，所以也沒有食慾。不過我知道，尙有大恩待報，又有債務待償，暫時不會死的。

五〇、聖路易士的華盛頓大學

十月二十一日，星期三。

這次的美國中西部之行，其實也包括了美國的東部，是在我回臺灣期間的三個月中，由果稠師爲我所做的安排。因爲在我的行事曆中只有十天的時間，可在美國國內的其他各州，做巡迴式的演講。最初只有四個地方向我邀請，經過聯絡之後，竟然使我在九天之中，到了七個州，共在九所大學以及五個華人的佛教團體，演講及座談共計十四個場次。這可能是我在國外弘法以來，最緊密的一次安排。除了演講、座談，還要跟聽眾和信眾交談，同時必須起早待晚，眞所謂披星戴月，日夜趕路，每到一處，均使當地接待人員，也跟著匆忙起來。

二十一日的早晨，爲了趕搭五點四十分自紐約起飛的班機，四點起床，五點早餐。目的地是密蘇里州的聖路易士，中間必須在底特律國際機場轉機，那是全美幾個主要的空中轉接點之一，範圍很大，從一個閘口到另一個閘口，轉機時需要步行十多、二十分鐘，我們提著行李，走得相當吃力。上午九點二十五分抵達聖路易士機場，該地的佛學會成立才兩年，初任社長是經營餐館業的陳與四居士，到機場接我的是現任社長南伊利諾大學的數學教授薛維格博士，和秘書陳海薇女士。出了機場直奔華盛頓大學（Washington University），趕赴中午十二點的一場演講。

這座華盛頓大學，我在一九九〇年四月十七日曾經去做過一場演講。這次邀請我的，依舊是該校亞洲近東語言文學系的管佩達（Grant, Beata）教授。她是史丹福大學（Stanford University）的博士，她的博士論文題目是「蘇軾詩中的道教與佛教」（Buddhism and Taoism in the Poetry of Su Shi西元一〇三六—一一〇一年）。她首先把我帶到他們系主任的辦公室，那位主任也是上次見過的何谷理（Robert E. Hegel）教授，他在研究中

▲攝於華盛頓大學亞洲近東語文系。左起薛維格教授、何谷理主任教授、作者、管佩達教授。

國明清文學，不但會講中國話，也會用中文寫論文。在那兒還見到一位研究日本佛教的教授Robert McRell，因此我們幾位見面都用東方語言交談，而在他們辦公室的牆上，也都是掛著中國的字畫。

當天演講的場所是Hurst Lounge, Duncker Hall，講題是「禪的歷史、理論和實踐」（Buddhist Meditation—History, Theory and Practice），我以「信解行證」四個層次，來貫串全題，說明禪的歷史、思想、方法、效果。聽講的是該系幾個班級的學生和老師，共五十六位。

傍晚，在一家中國餐館吃素麵。

當晚七點到八點半，就在這家餐館的樓下，為當地的華僑信眾，做了一場演講，題目是「禪與實際生活」。那個場所，是由中華文化中心免費提供，參加聽講的人數近兩百位，會後二十多人發心皈依三寶。

當晚住宿處是聖路易士的一家旅館叫Howard Johnson，事先因我沒有預作交代，當地的接待人員，把我和明怡送進同一個房間，事實上依據僧律，僧俗必須別房住宿，所以請他們改成了兩個單人房間。這也可以作為今後出門之前安排行程的一項參考經驗。

五一、伊利諾州立大學

十月二十二日，星期四。

清晨四點起床，七點被接到留學生蔣鎭宇及陳美雲夫婦家早餐。他們夫婦好像還未習慣美國的早餐方式，所以要煮一鍋粥供養我們師徒兩人，經過我的說明，就改用牛奶、麵包招待。

上午八點，由蔣氏夫婦駕車向南行駛四十分鐘，到了褚有權及吳月香夫婦的家，在此會合之後，再駕一輛中型旅行車，兩對夫婦一起把我們送到伊利諾州。

這位褚有權居士雖有高等學位，現在則是經營豆芽生意，做得相當順利，並把他的老母也從臺灣接來同住。在前一天晚上的中華文化中心聽過演講之後，他的老母和他太太也都皈依了三寶，尤其是他的太太吳月香，十多年前我擔任文化大學教授，她已經是助教，那時她還沒有想到學佛，近幾年來卻已成了我的忠實讀者。那天她們全家非常歡喜，由她先生駕車，她不僅爲我們準備了在車上吃的午餐，還送了我一條圍巾加一頂冬帽。

車行五個小時，到達伊利諾州立大學的香檳校區（Univ. of Illinois-

Champaign)。由於地址錯誤，在校園內兜圈四十分鐘，才找到該校佛學社社長許東居士和社員陳中興、張桂芳夫婦。聖路易士的兩對夫婦完成護送任務，未事休息，便立即折回，眞是辛苦了他們。

我們趕到一家中國餐館午餐，已經是下午一點三十分。因爲下午兩點必須趕到該校東方系的課堂演講，故在二十分鐘之內，匆匆結束了午餐，先去見到Peter Gregory教授，他的專門是華嚴五祖圭峯宗密。他應該是我的老友，不但我在一九八七、一九八九年兩次受到他的邀請，在伊大做過演講，而且他的太太也到過我們紐約的東初禪

▲伊利諾大學校園。

寺，前兩次我就在他的家中作客過夜。這次我在他的課堂講的題目是「六祖惠能和中國的禪宗」，分作三個子題：1.《六祖壇經》中的《維摩經》思想（因爲Peter正在他的課中講《維摩經》），2.禪風在中國的演變，3.禪的智慧及方法。這班學生五十多位，有興趣於佛教，所以選了他的課。

▲秋天的落葉。

下午五點五十分到Gregory教授家中聚餐，是由該校中國同學會佛學社二十多位社員提供了十多樣中國式的素食，借這位教授的家爲我歡宴，而這棟屋子是Peter夫婦的新家，才買了不久，如果在紐約應該值得五十萬美金，他卻僅花了十三萬美元，此屋寬敞而有藝術的樸實美，因此我說他是前世修來的福氣。他跟華盛頓大學的何谷理博士一樣，都希望我每年去他們大學演講一次，遺憾的是我抽不出時間。不過他倒已答應於一九九四年春，到我們中華佛學研究所擔任三十小時的課程。

晚上七點半到九點，借該市聯合兄弟會教堂（Unitarian Church）為當地禪學及佛學社兩個團體的成員，做了另一場演講，題目是「十牛圖」。因為我有一小本英文的「十牛圖」講錄，很受西方人士歡迎，那是我於一九八七年在緬因州的摩根灣禪堂講了五個小時，這次則要我在九十分鐘之內講完它。只能點到為止了。

提起該校的佛學社，成立才兩年，創始社長是吳寬博士，現在她已是我們中華佛學研究所的副所長。

演講以及會後的問答結束，已是十點三十分，才讓我們回到附近的「大學客棧」（University Inn）休息。

五二、印第安那州的普渡大學

▲印第安那普渡大學佛學社社長王青楠（右起第二人）率黃倩瑜（右一）、饒瑞彬（右三）、劉淑慧（左四）、徐達光（左三）等五人到法師住的大學客棧迎接，並由伊利諾佛學社社長許東（左一）送行。

十月二十三日，星期五。

清晨四點起床，做完我自己的恆課，七點正伊大同學陳中興接我們到他家早餐，九點由普渡大學（Purdue University）佛學社的社長王青楠以及社員徐達光、饒瑞彬、劉淑慧、黃倩瑜等到大學客棧迎接我們。這使我發現普渡大學有十多位同學，在前一天就已經到過伊大，聽了我兩場演講，當晚他們分別借宿在伊大的同學家中，現在要由他們迎接我去普渡大學。這幾位同學，是我在這一路上遇到最細心、熱心和設想周到的一群青

▲普渡大學露天音樂臺正面。

年，從二十二日起到二十四日早上爲止，都由他們陪伴、錄音以及安排迎送。

當要離開伊大之前，我才發現，伊大和普渡兩個現任佛學社社長，都是從中國大陸出來的留學生，很令我感到意外。

上午十點，向普渡出發，行車兩小時就到了普渡的校園。先在黃金山及陳淑貞夫婦家聚餐，下午一點三十分到兩點三十分，帶我參觀這座位於印第安那州拉法葉市（Lafayette）的普渡大學校園。據說該市人口僅十萬，而學生人數爲四萬，其中中國留學生大約一千人，來自臺灣的四百人，大陸籍的六百人，佛學社成立不久，只有三十多人。

下午三點，讓我們先到「家庭客棧」（Family Inn）休息，五點四十分出席中國同學會借該校國際中心舉辦的會餐，然後於七點到九點做了一場正式的演講，演講的會場是普渡大學的Auditorium/Kranner Building，當晚的講題是「禪和藝術」（Zen and Art），分成三點介紹：1.佛教的無常和空，2.禪的戒、定、慧，3.禪的藝術是生活的實現。演講結束，也有十多人要求皈依三寶。回到旅館，已是過了十點半。

五三、俄亥俄州的兩所大學

十月二十四日，星期六。

早上四點，就從旅館出發，由普大的學生陳睿、王青楠、徐達光駕車，經過兩個半小時的車程，到達印第安那機場，搭乘飛往底特律的班機，再轉往俄亥俄州的哥倫布市（Columbus）。

上午九點三十分，我們到達哥倫布市機場，該地的佛學社社長花婉珍同她的先生徐先哲居士，把我們接送到另外一對夫婦張冠雄及盧文琪居士的家。因爲在一九八九年四月，我曾應邀到威斯康辛州立大學米瓦契校區（University of Wisconsin-Milwaukee）演講之時，就是他們夫婦兩人的安排，現在搬到了俄亥俄州，還是歡迎我到他們府上作客。花社長明明知道我已經很累，但她還是向我預告：「午餐之後請法師休息一下，下午兩點有幾十位本地的佛教徒們，要來請求法師開示，題目是『佛法大意』。」她的先生是麻醉科醫生，看我身體虛弱，送了我好多瓶老人專用的維他命，雖然預先我不知道有這場開示，但也不能推卻。

下午兩點，我準時出席，用一個半小時的時間，講了三個重點：1.正信，2.正

▲俄亥俄州立大學演講後一位西方聽眾向作者敬香。

▲俄亥俄州伍斯特城李廷彥居士（右一）宅前。左起：林玉霞、王明怡、作者、盧文琪、游美秀、張冠雄。

知，3.正行。特別強調正信的佛教是要淨化人心、淨化社會，而勿變成世俗化、神鬼化及梵天化。又爲他們解答了幾個有關禪修的問題，會後有十位聽眾請求皈依。

晚上七點半到九點半，在其州立大學鄰近的City of Upper Arlington之活動中心（Community Center），做正式的公開演講，題目是「生命與時空」（The Life in Space and Time），分成五個子題：1.生命與時空，2.五蘊是生命的結構，3.十二因緣是生命的流轉，4.修三無漏學是生命的昇華，5.生命的解脫與時空的超越。當晚的聽眾超過兩百人，在當地的佛教活動和演講情況而言，這是難得一見的盛大場面。

而我自己倒是對於那個會場很感興趣，因爲在室內所見的牆壁及柱子，都是以天然的石塊砌成，沒有任何粉刷和裝飾，像是一座古堡，或是一個隱藏在山中的大型防空洞，覺得它的設計非常別致。

十月二十五日，星期日。

上午八點半，我和王明怡居士乘上了李廷彥醫生及游美秀居士夫婦的座車，從哥倫布市向俄亥俄州的另一個城市伍斯特（Wooster）出發，因爲李醫師夫婦爲了迎接我們，在前一天就到了哥倫布市。這天親自把我們接到他們伍斯特的家，而哥倫布市的張冠雄、盧文琪、劉德如、林玉霞，也開了一輛車，把我們護送到李家，目的是一路照顧，並且參加當天我在俄亥俄州另一個都市克利夫蘭（Cleveland）的西方儲才大學（Case Western Reserve University）演講會。

我們在李醫師的府上，用了午餐，略事休息，就向那座以鋼鐵工業聞名的城市克利夫蘭出發。進城之後由李醫師駕車讓我在學校附近的公園兜了一圈，並且特別把我帶到中國文化園參觀，那是一九八五年臺北市長許水德及議長張建邦兩位先生訪問該市，並與該市締結姊妹市的友誼關係而建造的一座紀念園，範圍不是很

▲一九八五年臺北市許水德市長訪問克利夫蘭市建立的中國文化園，除了孔子銅像及一對石獅子之外，都已支離破碎。

大，設計還算巧妙，以北京天壇式白色欄杆圍築成一座石臺，園前一對石獅，園的中央是孔子立像，確實代表了中國文化，可惜是用白色的水泥建成，經過不到九年時間，已是滿目瘡痍，地板破裂，水泥剝落，臺基鬆動，僅孔子的銅像及一雙石獅，還算完整。這樣的中國文化園，給當地人的印象實在不太美好。

下午四點到六點，我被邀請到西方儲才大學的Baker Hall，以「禪與悟」爲主題，給一百二十多位東西方聽眾結法緣。分爲三個子題：1.禪修方法必須配合三法印的基本原則；2.以菩提達摩的「二入四行」，說明禪修的理論及方法；3.以《六祖壇經》的四弘誓願，說明發菩提心及無所求心。

當天演講會的主持人兼策畫人是當地般若學佛社的社長陳長華居士，她的先生唐德賢醫師，會後立即告訴我說：「這次的演講非常成功，連許多美國人都在要求給他們錄音帶的拷貝，以便轉放給其他人聽。」

可是我自己的身體在這個時候不僅疲倦，而且已有很重的感冒，是從布拉格一直拖到現在，所以很想找一位醫生給我治療，正好唐醫師自己有一個診所，我也想去看看。因此，演講結束，立即上了唐醫師的車，開向另一個城市阿克隆（Akron），它的位置正好跟克利夫蘭和伍斯特形成等邊三角的距離，都需要開車四十分鐘。本來可以直接回到伍斯特晚餐，結果，我去看醫生，大家只有陪我到了阿克隆。

唐德賢醫師給我打針、吃藥，還拿了好多止痛、感冒、消炎、腸胃等藥，足夠我使用兩個星期。連打兩針，感冒的症狀很快感到緩和，又可以一同去一家中國餐館晚餐了。餐畢，回到李家已經過了十一點。一夜的睡眠很安寧，又可迎接另一天的行程了。

五四、密西根大學

十月二十六日，星期一。

密西根大學有兩所，一所是私立的，一所是州立的，我曾兩度前往安阿爾勃（Ann Arbor）私立的密西根大學（University of Michigan），這回是去州立的密西根大學（Michigan State University），位於東蘭辛市（East Lansing）。

依照原先計畫，我們要從克利夫蘭坐西北班機，經底特律轉往蘭辛（Lansing），所花時間是六個多小時，並且必須早上四點起床，之後就要坐車趕路，加上候機、登機、下機再候機、登機、下機，非常辛勞，因此，盧文琪和劉德如兩位女居士向我建議：由她們從伍斯特輪流開車五個半小時，也可以到達目的地，且可免了起早趕路、上下飛機的勞累。結果我們放棄了兩個人的四張機票，在上午八點上路，下午一點三十分到達東蘭辛張春翔居士的家。

在這段路程中，我和明怡，還可以閉目養神，放心睡覺。兩位女居士不僅輪流開車，也得互相協助著查地圖看路標。可是爲了早些趕返俄亥俄州，她們兩人一到張居士的宅前，連一杯茶都沒有喝，便立即調過車頭，開向回程。我對她們非常的感謝，當我向她們說出謝謝兩字之時，見她們兩位的臉頰上就多了兩行淚痕，我眞想把她們留下再聽一場演講，她們卻必須及早趕回各自的家。

在這一路上，我欣賞到了中西部大平原的景色，一大片一大片的玉米田，好像沒有盡頭似的，葉子雖已乾枯，但還沒有收割。

平原中很少看到人跡，樹木也極稀少。車子行走在這樣的地方，不同的人就有不同的感受，會使你的心境非常開朗，也會令你感到寂寞和蒼茫。行車速度看來不快，其實不慢，經常是在六十到七十英里之間。要知道美國普通公路的車速是三十到五十英里。

我們到得遲，故至下午兩點才在張府用午餐，略事休息，三點到四點半，便爲當地的華人佛教團體「淨宗讀經會」開示佛法。那個地方，自從我的戒兄淨空法師去了之後，就有了這樣一個社團的名稱。因此專門修行淨土，弘揚淨土。他們之中的少數人，見我去了，尙有點擔心，不知我的禪宗和他們的淨土宗會不會有衝突。其實我也在教人念佛，農禪寺有禪坐會，也有念佛會，同樣鼓勵念佛求生淨土。不過我也同時呼籲，在往生西方淨土之前，也要努力促進人間淨土的實現。這與西方淨土的信念，不會抵觸的。

晚上七至九點，我被帶到密西根大學自然資源館，講解「正信的佛教」，子題是：1.八正道；2.四聖諦；3.三學六度；4.無常、苦、空、無我；5.因果、因緣的十二因緣觀；6.用修行的方法使身心放鬆，最後達到身心解脫的目的。

演講會後，有二十五人請求皈依三寶，其中有十多位中國同學，以及兩位西方人，開了七十多分鐘的車，從安阿爾勃的密西根大學，趕來聽講和皈依。我記得一九八九年和一九九〇年到安阿爾勃演講之時，州立密大的蘭辛校區，每回也去了十多位同學請求皈依三寶，因此使我覺得這兩所大學，好像是雙胞胎的姊妹，兩校的學生，也彼此呼應。

五五、伊薩卡的康乃爾大學

十月二十七日，星期二。

這一天王明怡居士必須趕回紐約上班，而我還有另外一段行程。早上起床之後，我們兩人就分道揚鑣了。明怡先飛底特律再飛回紐約市；我在張春翔居士家用過早餐，就由徐秉權等十位同學，把我送到蘭辛機場，七點鐘登上飛往賓州匹茲堡的班機，再轉機前往紐約州的伊薩卡（Ithaca），那就是康乃爾大學（Cornell University）的所在地。

我在蘭辛機場登機之前，密大的同學見我身體虛弱，所以向辦登機手續的櫃枱，要求讓我到了匹茲堡機場轉機時，能夠受到機場內交通車的服務，那是一種用蓄電瓶爲動力的交通工具，專門爲老、弱、婦、孺及傷病的旅客，做轉機運送的交通服務。但我到了匹茲堡機場後，並沒有人睬我，在向機場的航空櫃枱出示登機卡的承諾服務記號，等了十分鐘，才坐上了那種交通車。

上午九點二十五分，到達伊薩卡機場，由康乃爾大學佛學社的同學張瀛福及張圓笙駕車，迎接我到該校的校園參觀。在參觀之時使我知道康乃爾（Cornell）跟普渡（Purdue）原是兩個人的姓氏，都是捐贈校地，並斥資創辦大學的人名。康乃爾是農人出身，他賺了很多錢之後，就立志要辦一所理想的大學，提供抱有各種興趣的學生來選修各自想修的課程。當時他請了一位懷特（White）教授，替他策畫經營。兩人非常投契，爲了討論辦好學校的理念，往往在校園內談至深夜，所以直到現在，該校的校園廣場兩端分別建立他們兩人的銅像，中間用一條步道連接，並在這條步道的路面，用油漆畫上了兩人來回踱步的腳印。可見，這所大學聞名世界，有它的原因。該校的農經學院也十分傑出，現任中華民國總統李登輝先生的博士學位，就是從這所學院讀出來的。

▲康乃爾大學的鐘塔。

康乃爾大學已有一百多年歷史，目前該校的學生有一萬六千人，其中六千人是研究生。我們參觀了東方圖書館，它的特色是建於地下，而且有上、中、下好多層，設備相當完善。

上午十一點三十分，約定去看這次負責邀請我的馬克瑞（John McRae）博士，他是該校東亞研究計畫（East Asia Program）部門的教授，因此也把我引見了他們的負責人湯馬士（Thoms Lyons）教授。不要小看他們只是學校裡東方系的一個組，他們卻共有十四位教授，比一般研究所的組織還要龐大。當天中午他們為我舉行了一個三明治自助餐的座談會，把我向他們的教授做了簡短的介紹。然後先到「大學城旅館」（Collegetown Motor Lodge）休息了片刻。

下午兩點三十分，我到康乃爾大學佛學社陳錦春社長的家，為九位居士說三皈依。該校現有華人學生兩百多位，其中有五十位是佛學社的社員，已不算少，也不算多。

下午四點半到六點半，我被請到該校洛克斐勒廳（Rockefeller Hall），為該校師生兩百多人演講「自我與無我」（Self and No Self）。有四個子題：1.原始佛教的無常與無我，2.大乘中觀派的排中無我及大乘唯識派的無性無我，3.禪宗的無相、無住、無念的無我，4.由放鬆而放下就能實證無我。

這場演講的翻譯，是從紐約東初禪寺到那兒跟我會合的沙彌果谷師，他隨我

▲作者攝於康乃爾大學學校創始人銅像前。

從臺北經歐洲回到紐約，休息了一週，疲勞已經恢復，所以翻譯得還算不錯。

至於那位邀我演講，並且爲我致介紹詞的馬克瑞教授，是研究早期中國禪宗的專家，曾在日本住過多年，也到過臺灣幾次，並曾訪問紐約的東初禪寺。在我們第一次中華國際佛學會議中，他也提出了論文。今（一九九二）年的七月，他帶了十多位美國學者，前往大陸參加山西大學在五臺山召開的國際佛學會議。原來他在哈佛大學任教，故在一九八七年我去那兒做第一次演講時就是由他擔任主持介紹，所以我們之間不僅是熟朋友，而且是老朋友了。

五六、哈佛大學

十月二十八日，星期三。

早上五點三十分，由許元春、蔡坤雄兩位居士送來溫熱的牛奶和麵包等食物，讓我們吃飽之後，立即離開旅館，上了他們的車，趕到伊薩卡機場，搭上了六點三十分飛往波士頓的小飛機，只有十八個座位，上機下機進出機艙，必須弓著上身，走道小，座位窄，這樣的飛機，只有在一九八八年十一月去緬因州的時候，有過一次經驗。這回的飛行時間是七十五分鐘，於七點四十五分，降落在麻省波士頓的Logan機場。

到機場迎接我們的是謝錦浤、陳永洸、鄧文惠、蔡中理。由於我的到達，害得他們起了大早，又是那麼冷的天，眞使人感動。

上了車就把我們送到位於勒克森頓（Lexington）的麻州佛教會，那是當地華人的佛教團體，以二十萬美元新購了這座建築物，這回我們要在那兒寄宿兩個晚上。

當天下午一點，謝錦浤博士向她公司請了假，駕車帶我們去了兩個地方。

第一，是波士頓的智慧出版社（Wisdom Publications），因爲這次我去波士頓弘法演講，是由麻省佛教會、智慧出版社、哈佛大學宗教系、麻省理工學院（Massachusetts Institute of Technology）中國同學會等四個社團共同舉辦的。我一則是去禮貌的拜訪，再則也想參觀一下這家相當有名的佛書出版社。他們的總社原在英國倫敦，以出版西藏佛教的英文著作爲主要目的，偶爾也會出版有關中國和日本佛教的英文譯作及著作。目前該出版社的總部，已經移到了美國的波士頓。當天代表該社接待我們的是他們的經理彭哈特（Allan Bomhard）。這位居士原來是在

一家醫院服務，他的學佛基礎是上座部佛教，現在則對西藏佛教產生了濃厚的興趣，所以放棄醫院的高薪而到智慧出版社來發心服務。

下午三點，我們被謝錦浤帶去訪問華頓湖（Walden Pond），這個湖在當地之所以成爲名勝，是由於有一位詩人兼哲學家的梭羅（Henry David Thoreau），在西元一八四五年曾經在這個湖畔的森林裡住了一年多，完成了一本散文名著《湖濱散記》，於西元一八五四年出版。他於西元一八三七年畢業於哈佛大學，用自己的手，在那湖濱建築了一座小木屋。雖然我沒有看到眞品，但其有一棟和原屋一模一樣的複製品，建在湖畔的一個景區內。這個湖並不很大，其面積只有六十英畝，比起美國國內的五大名湖，實在太小。

▲梭羅所寫《湖濱散記》的湖濱風光。

▲哲學家梭羅撰寫《湖濱散記》散文集的小木屋。

當天晚上六點一刻，出席哈佛大學的歡迎會，七點到九點，便是我的演講會，場地都在Harvard Auditorium Boylston Hall，講題是「禪與生活的藝術」（Zen and the Art of Living）。子題有四點：1.中道的佛教；2.心如牆壁，有萬用而自己不動；3.千萬境界現前與我無關；4.由客觀而至賓主皆泯。

這次我在哈佛大學的演講，是由正在該校宗教學院研究所攻讀博士的大陸留學生，秦文捷小姐負責聯絡的，所以由哈佛宗教學院院長艾克（Diana Eck）教授主持介紹，秦文捷擔任司儀，她們師生兩人都是女性，配合得相當圓滿，聽眾兩百五十多人，其中只有少數是東方面孔，有不少是哲學系和宗教系的教授和學生。

因有幾位聽眾的面部表情，從頭到尾都很怪異，似乎聽我講一句，就有一個懷疑，以致使得我們初出茅廬的果谷師，翻譯得非常吃力，而且有點失常，他總覺得每翻一句，都沒翻對一樣，否則臺下聽眾怎會有如此的面部反應。事實上，這種聽眾，處處都可能見到，他們不一定眞有惡意，只是表情使你覺得很不友善，可是這場演講的聽眾，從頭到尾只有兩位女生中途離席之外，其餘的都是全神貫注地聽得津津有味。因爲這場演講的內容，既是學術性的，也是實用性的。

演講會結束，我又被請到演講會場隔壁的一間學生休息室，席地而坐，爲五十多位青年，進行了四十分

▲作者在哈佛大學演講，由宗教學院院長艾克致介紹詞。

鐘的問題解答，然後有六人請求皈依三寶。

當我被送回勒克森頓麻州佛教會時，已過十一點，當晚只有我與果谷師徒兩人，在那兒過宿，而樓上樓下的暖氣溫度，差異很大，我在夜裡洗手，必須要去樓下，這使我又一次的受寒感冒。

五七、哈佛宗教學院・麻省理工學院

▲作者贈送一套書給哈佛大學宗教學院，由其院長艾克教授（右二）代表接受，右一為秦文捷居士，左一為果谷沙彌。

十月二十九日，星期四。

上午九點，李嚴、白璧夫婦兩人以及另一位廖重賓居士，到麻州佛教會拜見我。李氏夫婦去（一九九一）年曾到東初禪寺皈依，一九八七年我初次訪問波士頓，就是借宿李家府上。

這天上午由廖重賓居士爲我們開車，帶著參觀哈佛大學校園，以及該校神學院的圖書館（Divinity School Library），我們知道哈佛大學對於中國學者來講，最重要的應該是有一座燕京圖書館，前兩次我在哈佛演講，就是被安排在燕京圖書館的第十八號大教室，所以我已經參觀過那兒的藏書和珍本的書庫。

這次我想去看看西方宗教的神學書有多少，是如何的收藏？結果，發現這個圖書館的特色是用厚玻璃爲地板，書架就是這棟樓房的支柱，共計上下五層，每層幾乎都可以上下對望。用厚玻璃爲圖書館地板的作用何在，不得而知，可能是爲了防火，但是這種建材太貴，以後不可能再有人用。

我在那兒遇到一位西藏出生的喇嘛，穿著普通學生的俗裝，但他還是自稱西藏的僧侶，他正在哈佛的宗教學院，攻讀宗教學碩士學位。我問他：「學成之後是否回去西藏，要不要恢復僧侶身分？」他的回答是：「目前且把書讀完，其他問題到時候再說。」這倒是非常實際，因緣要他怎樣，他就怎樣。不過讀書非常要緊，既然來自西藏而又研究宗教，將來不論他是否恢復僧侶身分，因爲他研究的是宗教，將來還是會從事和宗教有關的工作，所以我爲他祝福。

離開哈佛的校園，它的緊鄰隔壁就是麻省理工學院，大家簡稱它爲ＭＩＴ。它的位置就正對著連接波士頓的哈佛大橋。那位廖重賓居士就在該校做博士後研究，我們國內稱它爲超博士，其實是做尋求研究經驗的工作者。參觀了他們的校園、學生活動中心、行政大樓等，雖然稱爲學院，它的稱謂跟我們的中華佛學研究所同樣叫作Institute，它的範圍之大，科系之多，專門研究的計畫之廣，卻又不亞於一座大學。事實上在理工科方面，ＭＩＴ乃全美國的最高學府，多少年來我們中華民國政府提倡理工教育，故從臺灣來該校的留學生相當多，以致有人謔稱麻省理工學院ＭＩＴ的意思是「臺灣製造」（Made In Taiwan），不過據說近幾年來臺灣來ＭＩＴ的留學生已在逐年減少。

由於前一晚受了寒，這天上午勉強參觀了兩所校園之後回到麻州佛教會，一躺下休息，便覺得頭痛、出虛汗，昏睡了三小時，起來洗臉、漱口之時，仍覺得口苦、頭痛、反胃、腸痛，還是勉強在五點三十分吃了由白璧居士主廚的

▲作者攝於麻省理工學院。

▲作者在麻省理工學院演講，該校中國同學會現任會長李順敏先生致介紹詞。

晚餐，然後服用了從俄亥俄州帶來的各項藥品，總算把好像山雨欲來風滿樓的病狀壓了下去。然後由廖居士開車，要在四十分鐘之內趕到麻省理工學院。這是下班的時間，交通非常的擁擠，幸好菩薩保佑，總算準時趕上了七點到九點的演講會場。那是在麻省理工學院10-250大禮堂。

當晚的講題是「禪與身心健康」（Health of Body and Mind in Light of Zen）。子題有六點：1.常人所說的身體健康；2.四大爲身，意識爲心的調適；3.身有內外，心有染淨；4.直觀身心的方法；5.捨身觀心，捨心放下；6.放鬆身心，放下身心，那就是眞正健康的身心。

這場演講是由該校中國同學會現任會長李順敏先生的策畫，以及孫清誠同學的聯絡所促成。這場演講只到了七十多人，因爲沒有通過學校相關科系的合作協調，大家認爲這僅是中國留學生內部的活動，所以西方人只到了五、六位。跟前一晚哈佛大學那場演講，恰巧形成強烈對比。不過在理工學院能有如許多的中國青年，有興趣來聽佛法，也是可喜的現象。

五八、國際弘化・十六年的回顧

十月三十日，星期五。

清晨不到六點，在附近經營餐館的羅蔡春美居士，就到了麻州佛教會，爲我們準備早餐。因爲我們要搭八點飛往紐約的班機，前來送行的還有高義源、蘇美麗夫婦，以及張榮吉居士。他們也住在附近，前兩晚演講之後從波士頓回勒克森頓，都由張榮吉駕車護送。這天早上也由張居士駕車把我們送到波士頓的Logan機場。在我們到達機場之時又發現了鄧文惠、蔡中理兩位女同學，正站在風口裡恭候著我，她們兩人，這兩天裡，都是忙著爲我接送，以及請了我的中英文著作，在演講會場門口展示銷售。本來我都不認識她們，而她們竟會如此的費心護持。

上午九點，我和果谷飛到了紐約甘迺迪機場，再一度被果稠師他們接回了東初禪寺，一路上風塵僕僕，備極辛勞，而且始終都在感冒，回到紐約之後的第一樣事，就是倒下頭來好好睡一覺。三個小時之後洗了一個熱水澡。第二樣事就是趕快去找一位醫生給我處方開藥，每天一帖，直到明（一九九三）年元月四日登機飛回臺灣爲止。

十月三十日返抵紐約東初禪寺之後，又立即展開了另一波的弘法活動，包括每週星期日整天的禪誦及《楞嚴經》講座，週三、週五晚間的《維摩經》及《華嚴經》課程。同時主持了寺外的演講會：

（一）十一月二日，星期一晚間八點至九點四十分，去紐澤西州蒙克萊學院，爲其心理系六個班級的師生一百五十多人，講「坐禪功能與學習效果的增長」。

（二）十一月十三日及十四日，連續兩晚，東初禪寺借紐約法拉盛的臺灣會館，爲華人社區舉辦人生哲學講座，請我做了兩場演講，主題是「理性與感性」、「智慧與福報」。聽眾六百多位。

（三）十一月十六日晚上七至九點，哥倫比亞大學（Columbia University）教職員禪坐會的負責人理查茲（Craig E. Richards）教授邀請我在紐約市黃金地帶的洛克斐勒中心臺北劇場，純以西方社會人士爲對象，演講「禪的智慧——知與行」（Zen Wisdom——Knowing and Doing）。當消息傳出，在一天之內，二百五十張入場券，便索取一空，以致在講出之時，商請該劇場負責人張敏智先生的協助，於場外架設大銀幕，以閉路電視方式，直接同時播放。這是我在美國弘法以來的第一次經驗。演講內容，則爲：1.智慧的定義。2.禪的智慧是「應無所住而生其心」。3.禪的「知」，在於不立文字、教外別傳、直指心源。4.禪的「行」，在於戒定慧的三學並重，定慧一體。5.禪的修證有四層次：⑴頓修頓悟，⑵漸修頓悟，⑶漸修漸悟，⑷久修不悟。6.行的方法有三種：⑴日常生活中的身心放鬆，⑵禪觀的數息、觀小腹、觀心念、觀身不淨等，⑶禪宗的獨家法門——參話頭、修默照。7.三皈依祝福。

（四）十一月十七日下午兩點五十分至四點十分，應邀至紐澤西州羅格斯大學（Rutgers University），在大林教授的大課堂，爲二百多名學生，演講「死後的生命」（Life After Death）。分爲四個子題：1.生命的連續體是業識而非靈魂；2.業識的形成及生死之間的五蘊我之名稱；3.神通可以表現，但不可以信賴；4.諸行無常，是生滅法，生滅滅已，寂滅爲樂。當晚七點至八點半，應邀至該校附近的華人佛學社團「覺音佛學社」，爲曾明鴻等三十多位居士，主持佛學及學佛的討論問答。

（五）應臺北正中書局的邀稿，以半個月的時間，由我口述，陳淑梅果綱居士筆錄，完成了一冊八萬字的《聖嚴法師學思歷程》的小書。脫稿於十二月十七日。

（六）十一月二十七日至十二月五日，主持東初禪寺的第五十八次禪七。

（七）十二月二十五日至一九九三年一月一日，主持東初禪寺的第五十九次禪七。

（八）十一月十八日至十二月二十五日，由我口述，吳昕儀果慕居士筆錄，完成《春夏秋冬》遊記五十八篇，脫稿於一九九三年元月四日。

回顧自從一九七六年以來，到一九九二年底爲止，我在國際間已經旅行過七個國家、一個特區，包括美、歐、亞三個洲，道場及一般的團體之外，單是國際上的大專院校請我演講者共計已有四十八所，講出了一百二十個場次。雖未造成轟動世界的學佛熱潮，我已付出了我對弘揚佛法的努力，現在且把整整十六年來我在國際弘化的情況，製成一表，附錄如後：

聖嚴法師國際弘化一覽表（一九七六—一九九二年）

國名	地區	主辦單位 類別	主辦單位 名稱	年月日	主題項目
美國	紐約州	寺院	大覺寺	一九七六—一九七八	禪訓共五班，講經兩部
			菩提精舍	一九七七—一九七九	禪七共五期
			東初禪寺	一九七九—一九九二	1. 禪七共五十四期 2. 講經、授課共七百五十二堂 3. 發行《禪雜誌》英文季刊五十五期 4. 發行《禪通訊》英文月刊九十四期 5. 出版英文《禪學講錄》七種

	莊嚴寺	一九九〇、一二、八	禪—擔水砍柴
	大乘寺	一九七九、一二	禪七共一期
禪中心	羅契斯特禪中心	一九八四、一一、一三	座談會—禪在美國、日本、中國的同異
	禪山叢林	一九九二、五、一九	禪修課程一天
一般社團	臺灣會館	一九八八—一九九二	大型演講八場
	閎宏小學禮堂	一九八九—一九九〇	大型演講二場
	中華公所	一九九二、六、六	大型演講「積極的人生觀」
	整體健康博覽會 希拉頓大飯店	一九九〇、五、一九	初級禪坐訓練一天課程
	紐約開放中心	一九九〇、六、一六	初級禪坐訓練一天課程
	紐約臺北劇場	一九九二、一一、一六	禪的智慧—知與行
	電臺、電視	一九八八—一九九〇	共十五次
大學院校	哥倫比亞大學	一九七六、一一—一二（共五週）	初級禪坐訓練十課
		一九七七、四	禪坐與生活（四週四課）
		一九七七、七	禪坐與生活（四週四課）
		一九八〇、一一、六	禪修
		一九八一、四、二四	禪的理論與實踐
		一九八一、一一、二〇	禪宗史及禪門次第

	一九八三、一一、一七	禪與空
	一九八四、四、二七	禪坐
	一九八四、一一、八	禪的頓悟與漸悟
	一九八五、一、七	禪佛教基本理論及其實際修行
	一九八五、一一、一九	禪的基礎認識
	一九九〇、一一、六	禪的理論、方法、悟境
	一九九一、一二、一〇	四弘誓願
	一九九二、四、一三	見佛性等問題座談
紐約大學NYU	一九七九、一一、二九	禪
	一九八二、一一、二二	靜坐、神祕主義、禪
	一九九二、四、一〇	禪的智慧
亨特爾學院	一九八〇、五、八	定、禪、佛果
	一九八一、五、五	禪的理論與實踐
	一九八一、一〇、二九	道教、禪與其之間的關係
新社會研究學院	一九八〇、一一、五	中國禪
	一九八一、一二、九	中國禪史
	一九八二、一二、八	禪史
	一九八三、一一、一六	禪與無分別
	一九八四、一一、一四	禪史及其修證層次

	曼哈頓學院	一九八一、四、三〇	禪的理論與實修
	聖約翰大學	一九八一、一一、七	佛教特色
		一九八九、五、二	佛教的空
	紐約市立學院	一九八一、一一、一二	介紹禪
	曼哈頓維里學院	一九八五、一一、一五	禪佛教
	布洛倫學院	一九八八、一二、一二	靜坐對心理的利益
		一九八九、一二、一三	禪文化在中國
		一九九〇、一一、八	從禪的傳統談人類意識
	康乃爾大學	一九九二、一〇、二七	自我與無我
紐澤西州	西東大學	一九八九、一一、一六	禪悟
		一九八九、一一、一七	禪與生活
		一九九〇、五、一	何謂禪？何謂坐禪？
	蒙克萊學院	一九九〇、四、三〇	禪修與學習效率
		一九九一、一〇、一五	禪與日常生活
		一九九二、一一、二	坐禪的功能與學習效能的增長
	羅格斯大學	一九八一、四、二八	禪的理論與實踐
		一九八一、一二、八	禪修的方法
		一九八二、一二、六	坐禪的次第
		一九八三、一一、一三	禪的理論與實踐

		一九八四、一一、一一	禪坐
		一九八五、一二、七	禪及其修行
		一九九〇、一一、一四	《六祖壇經》思想
		一九九一、六、二三	禪思與禪修
		一九九二、一一、一七	死後的生命
	普林斯頓大學	一九八六、六、一三—一四	禪與日常生活
佛羅里達州	佛羅里達州立大學	一九八二、四、一二	佛教要義
	農業機械大學	一九八二、四、一二	禪的精神
麻薩諸塞州	哈佛大學	一九八七、六、六	禪的傳承與創新
		一九八八、一一、一一	明末的中國佛教
		一九八八、一一、一二	禪與悟
		一九九二、一〇、二九	禪與生活藝術
	羅爾大學	一九八七、六、六	禪與現代人的生活
		一九八八、一一、一一	時空的超越
	麻州理工學院	一九九二、一〇、三〇	禪與身心健康
印第安那州	柏特勒大學	一九八七、一一、一七	禪師與禪院的修行生活
		一九八九、一一、一六	禪修對現代人的利益

		迪派爾大學	一九八九、一一、九	佛教與基督教對僧俗修行及其悟境層次
		普渡大學	一九九二、一〇、二三	禪與藝術
伊利諾州		伊利諾州立大學	一九八七、一一、一九	禪師與禪修
			一九八九、一一、八	《法華經》在中國的信仰與實踐
			一九九二、一〇、二二	六祖惠能與中國禪宗
		衛勃斯特大學	一九九〇、四、一七	無常與死亡
愛荷華州		愛荷華大學	一九八七、一一、二〇	禪修及其理論
			一九八八、四、二四	禪修
			一九九〇、四、一七	禪的修證經驗
緬因州		緬因州立大學	一九八八、一一、一六	什麼是禪佛教
	禪堂	摩根灣禪堂	一九八七、四、一二—一五	禪修三天
			一九八八、一一、一三—一六	禪修三天
德克薩斯州	大學院校	德州大學奧斯汀校區	一九八九、一、六—七	禪佛教
			一九九一、一一、三	禪與實際修持
			一九九一、一一、四	禪與生活壓力的調適
		德州大學達拉斯校區	一九九一、一一、二	禪—平常心

明尼蘇達州		明州大學明尼那波利斯校區	一九八九、四、二七	時空的超越
			一九八九、四、二八	禪的理論與修行
			一九九〇、四、一八	禪坐
威斯康辛州		威州大學麥迪遜校區	一九八九、四、二九	禪與日常生活
			一九九〇、四、一九	禪修
		威州大學米瓦契校區	一九八九、四、三〇	禪的生活與方法
密西根州		密大恩愛博校區	一九八九、一一、一〇	專題座談：佛教在今日的臺灣
			一九九〇、一一、一四	今日臺灣佛教的教育、文化、信仰及修行
		密大蘭辛校區	一九九二、一〇、二六	正信的佛教
密蘇里州		華盛頓大學	一九九〇、四、一七	禪與日常的藝術生活
			一九九二、一〇、二一	禪的歷史理論與實修
加州		加州大學柏克萊校區	一九九〇、一〇、二三	學者佛教在今日中國及臺灣佛教的流行情況
		史丹福大學	一九九〇、一〇、二四	禪的理論與修行
	禪中心	柏克萊禪中心	一九九〇、一〇、二二	唐朝以後的中國禪
		蘇諾瑪山禪中心	一九九〇、一〇、二三	中國禪師與禪堂
		三藩市禪中心	一九九〇、一〇、二四	寶鏡三昧
	一般社團	大覺蓮社	一九九〇、一〇、二五	如何在日常生活中修行佛法

			一九九〇、一〇、二八	初級禪訓班整天課程
		三藩市總合醫院	一九九〇、一〇、二五	佛教與心理健康
		加州整合研究所師生	一九九〇、一〇、二五	（借大覺蓮社）座談會
		矽谷菩提學會	一九九〇、一〇、二七	佛教的基本大意
			一九九〇、一〇、二七	座談會
		猶卡雅沙瓦達磨	一九九〇、一〇、二九	內靜外和
科羅拉多州		西藏中心、佛學社	一九九一、五、五	領導禪坐四炷香
			一九九一、五、五	從禪的立場看自我
	大學院校	丹佛市伊利弗神學院	一九九一、五、六	禪修和佛性
夏威夷州		夏威夷大學	一九九一、五、三	在現代社會中如何培養佛性
			一九九一、五、三	介紹中華佛學研究所
路易斯安那州		紐奧良大學	一九九一、一〇、三〇	禪與人生
		杜蘭大學	一九九一、一一、一	禪與人生
康乃狄克州		耶魯大學	一九九一、五、一	什麼是禪
俄亥俄州		俄大哥倫巴斯校區	一九九二、一〇、二四	生命與時空

			克利夫蘭西方儲才大學	一九九二、一〇、二五	禪與悟
加拿大	多倫多		多倫多大學	一九七六、三、二三	中日佛教之間的同異
				一九七七、三、一六	禪的佛教
				一九八四、一二、一五	禪與日常生活
				一九八八、五、七	中國禪在今日的北美地區
				一九九一、一〇、一八	禪師在叢林中的修行與生活
			麥克馬斯特大學	一九九一、一〇、一八	如何養成一位禪師
英國	威爾斯	一般社團	牧場禪修精舍	一九八九、四、一一—一八	禪七
				一九九二、四、一六—二三	禪七
中美洲哥斯大黎加	聖荷西市		福慧精舍	一九九二、一〇、二九	初級禪訓班一天及討論會
			工程師協會禮堂	一九九二、一〇、二八	禪與人生
捷克	布拉格	大學院校	布拉格大學哲學院漢學系	一九九二、一〇、一二	禪對現代世界的作用爲何？
				一九九二、一〇、一四	東西方宗教同異
		一般社團	道明會天主教修道院	一九九二、一〇、一三	佛教基督教對話
			布拉格禪學會	一九九二、一〇、一五	禪的理論及方法訓練

			亞非拉美博物館	一九九二、一〇、一六	中國禪的傳統
比利時	布魯塞爾	大學院校	魯汶大學東方學院	一九九二、一〇、一八	座談會
		一般社團	森林修道院	一九九二、一〇、一八	座談會
新加坡	新加坡		佛教總會文殊中學	一九八二、八、三—二八	為中學老師開佛學師資課程三十堂 爲當地一般大眾大型演講五場
香港	香港		佛教青年協會	一九八八、七、一三	實踐的佛教
			(北角大會堂)	一九八八、七、一四	信仰的佛教
				一九八八、七、一五	理論的佛教
			(沙田大會堂)	一九九〇、一〇、一七	禪—如來如去
				一九九〇、一〇、一八	禪—解脫自在
				一九九〇、一〇、一九	禪—平常身心
			(尖沙咀文化中心)	一九九一、九、一三	《心經》
				一九九一、九、一四	《心經》
				一九九一、九、一五	《心經》
				一九九二、八、二九	《金剛經》
				一九九二、八、三〇	《金剛經》
				一九九二、八、三一	《金剛經》

統計
七個國家一個特區 ｜ 美、歐、亞三個洲
1. 美國十九州 2. 其他八地區
1. 寺院道場五所 2. 禪中心及禪堂六所 3. 一般社團二十一個 4. 大學院校四十八所
經過十六個年頭
1. 寺院道場講課七百六十場次 2. 一般社團講課八十一場次 3. 大學院校演講一百二十場次 4. 主持禪七共六十二期 5. 主持禪三共兩期 6. 主持一天禪訓和禪修五回

國家圖書館出版品預行編目資料

春夏秋冬／聖嚴法師著. -- 三版. -- 臺北市：
法鼓文化, 2015.02
面； 公分
ISBN 978-957-598-663-6（平裝）

1.佛教教化法

225.4 103026287

寰遊自傳 7

春夏秋冬
Four Seasons

法鼓文化

著者／聖嚴法師
出版／法鼓文化
總監／釋果賢
總編輯／陳重光
編輯／李金瑛、方意文
封面設計／邱淑芳
地址／臺北市北投區公館路186號5樓
電話／(02)2893-4646 傳真／(02)2896-0731
網址／http://www.ddc.com.tw
E-mail／market@ddc.com.tw
讀者服務專線／(02)2896-1600
原東初出版社1999年初版
三版一刷／2015年3月
建議售價／新臺幣250元
郵撥帳號／50013371
戶名／財團法人法鼓山文教基金會—法鼓文化
北美經銷處／紐約東初禪寺
Chan Meditation Center (New York, USA)
Tel／(718)592-6593 Fax／(718)592-0717